深圳大学传播学院
媒介环境学译丛｜第三辑

假新闻

活在后真相的世界里

［意大利］朱塞佩·里瓦 著
Giuseppe Riva
何道宽 译

中国大百科全书出版社

图字：01-2022-3297

图书在版编目（CIP）数据

假新闻：活在后真相的世界里 /（意）朱塞佩·里瓦著；何道宽译 . -- 北京：中国大百科全书出版社，2023.3

（媒介环境学译丛）

书名原文：Fake news. Vivere e sopravvivere in un mondo post-verità

ISBN 978-7-5202-1314-1

Ⅰ. ①假… Ⅱ. ①朱… ②何… Ⅲ. ①假报道—研究 Ⅳ. ① G210

中国国家版本馆 CIP 数据核字（2023）第 049843 号

出 版 人 刘祚臣
策 划 人 曾 辉
出版统筹 王 廓
责任编辑 王 廓
责任印制 魏 婷
封面设计 乔智炜
出版发行 中国大百科全书出版社
地　　址 北京市阜成门北大街 17 号　**邮政编码** 100037
电　　话 010-88390969
网　　址 http: //www.ecph.com.cn
印　　刷 北京市白帆印务有限公司
开　　本 710 毫米 ×1000 毫米　1/16
印　　张 9.75
字　　数 130 千字
印　　次 2023 年 4 月第 1 版　2023 年 4 月第 1 次印刷
书　　号 ISBN 978-7-5202-1314-1
定　　价 59.00 元

深圳大学传播学院
媒介环境学译丛编委会

总 序

20 世纪 50 年代初，哈罗德·伊尼斯的《帝国与传播》《传播的偏向》和《变化中的时间观念》问世。1951 年，马歇尔·麦克卢汉的《机器新娘》出版。20 世纪 60 年代，麦克卢汉又推出《谷登堡星汉》和《理解媒介》，传播学多伦多学派形成。

20 世纪 80 至 90 年代，尼尔·波斯曼的传播批判三部曲《童年的消逝》《娱乐至死》《技术垄断》陆续问世，传播学媒介环境学派形成。

1998 年，媒介环境学会成立，以麦克卢汉为代表的传播学第三学派开始问鼎北美传播学的主流圈子。

2007 年，以何道宽和吴予敏为主编、何道宽主译的媒介环境学译丛由北京大学出版社推出，印行四种，为中国的媒介环境学研究奠基。

2011 年，以麦克卢汉百年诞辰为契机，世界范围的麦克卢汉学和媒介环境学进一步发展，进入人文社科的辉煌殿堂。中国学者不遑多让，崭露头角。

2018 年，深圳大学传播学院与中国大百科全书出版社达成战略合作协议，推出媒介环境学译丛，计划在三年内印行十余种传播学经典名著，旨在为传播学修建一座崔巍的大厦。

我们重视并推崇媒介环境学派。它主张泛技术论、泛媒介论、泛环境论、泛文化论。换言之，凡是人类创造的一切、凡是人类加工的一切、凡是经过人为干扰的一切都是技术、环境、媒介和文化。质言之，技术、环境、媒介、文化是近义词，甚至是等值词。这是媒介环境学派有别于其他传播学派的最重要的理念。

它的显著特点是：（1）深厚的历史视野，关注技术、环境、媒介、知识、传播、文明的演进，跨度大；（2）主张泛技术论、泛媒介论、泛环境论，关注重点是媒介而不是狭隘的媒体；（3）重视媒介长效而深层的社会、文化和心理影响；（4）深切的人文关怀和现实关怀，带有强烈的批判色彩。

从哲学高度俯瞰传播学的三大学派，其基本轮廓是：经验学派埋头实用问题和短期效应，重器而不重道；批判学派固守意识形态批判，重道而不重器；媒介环境学着重媒介的长效影响，偏重宏观的分析、描绘和批评，缺少微观的务实和个案研究。

21世纪，新媒体浩浩荡荡，人人卷入，世界一体，万物皆媒介。这一切雄辩地证明：媒介环境学的泛媒介论思想是多么超前。媒介环境学和新媒体的研究已融为一体。

在互联网时代和后互联网时代，媒介环境学的预测力和洞察力日益彰显，它自身的研究和学界对它的研究都在加快步伐。吾人当竭尽绵力。

译丛编委会

2019年9月

目录

序一

什么是假新闻？维基百科上的解释是，假新闻是包装为新闻的错误信息或误导人的信息。这一定义固然很清楚，但它并没有让读者明白为什么我们需要一个新词去描绘假新闻。再者，如果用这个定义去区分真正的假新闻、有点像假新闻的新闻，或可以说有合理理由（如讽刺）的假新闻，那就未必清楚了。最后，用维基百科这个定义不可能理解，围绕假新闻的论辩现在为什么如此流行，又为什么对理解我们社会的变革如此富有洞见。

本书尝试为假新闻的讨论提供一个不一样的观点。其他指导手册提供提示和技巧，让人识别社交媒体里流动的假新闻。与之不同的是，我们分析的焦点是假新闻的认知和社会背景。

正如本书所示，假新闻是刻意设计、生成和流通旨在打扮成“社会事实”的虚假信息：对特定的社会群体而言，那是不言自明的信息。换句话说，界定假新闻的不是其虚假性，而是其呈现社会事实的能力，这个事实的证据和其所在的社交媒体的特征有关系。就这些特征而言，那些假新闻对特定的社会群体只可能是真的……

在指引主体人的决定中，事实或社会事实哪一种更重要？社会心理学家早就知道这个答案：社会事实。实际上，这些事实被赋予强制力，绝非偶然，强制力源于每个人的群体归属感的重要性。正如本书广泛讨论的那样，这种强制力和四种因素相联系：群体与主体社会身份的相关性，新闻话题对主体的重要性和相关性，大量支持其真相的群体，群体内冲突缺失。

社交媒体出现之前，虚假信息转化为社会事实也是可能的，但那种情况只发生在专制国家或威权主义国家。一个例子是纳粹将其强加于人并使之成为社会事实的雅利安种族的优越性。不过，这样的转变非常复杂，既需要政府明显的支持——在德国，这个任务由戈培尔领头的宣传部承担——又需要它控制媒体、消除任何异见之源的能力。

社交媒体的出现急剧地简化了社会事实的生成。但仍然有一些不同的约束：

（1）假新闻的建构必须反映社群成员的目标、兴趣和人格；

（2）必须有足够多的社群成员看到了假新闻；

（3）社群成员必须不知道新闻是假的；

（4）社群里的其他新闻和假新闻的内容没有明显冲突。

纸面上，这些条件似乎难以实现。实际上，正如我们将在本书看到的，情况并不是这样。相反，社交媒体的特征使这些条件比较容易达成。比如，社交媒体的建构正是为了易于分析用户的兴趣和行为。通过他们的兴趣和行为，重建他们的人格就成为可能了。

但假新闻的出现仅仅是硬币的一面。

一方面，社交媒体的出现容许社会事实的生成去中心化（decentralization）。历史上，社会事实的控制是社会制度的主要目标。率先实现社会事实生成潜力的是“共享经济”的玩家，比如优步（Uber）和爱彼迎（Airbnb）。它们自称是大型社交网络，利用社会事实使自己的成员获得职业头衔——优步的“司机”相当于出租车司机，爱彼迎的业主相当于房东。他们不必经过制度的认证，也不受制度强力约束。

另一方面，一种新职业人物——“网红”——的出现成为可能了。他们的人气归因于围绕自己建构社交网络活动并得到认可的能力。从存在论的观点看，这是一种相关的变化。社交媒体出现之前，社会参照的模型是拥有这些品质或技能的人物：我是著名的足球手，因为我擅长踢球；我是著名的演员，因为我擅长表演；我是著名的模特，因为我既漂亮又优雅。相反，在社交媒体世界里，社会参照的模型可以是吸引追随者的能力。即使没有特殊技能，也可以成为著名人物，只要能吸引一帮粉丝，他们就可以成为网红，成为名人。

总之，假新闻的出现仅仅是重大社会变革的征兆之一。在我们的社会里，社交媒体越来越重要了。本书的目的是阐明这些过程，勾勒一套策略，保护我们自己免于假新闻的重大影响。

朱塞佩·里瓦

2022 年 3 月 16 日

序二

一年前，我在云端研讨会上邂逅里瓦教授，会议主题是数字化与历史意识。在数字变革激发的心理和社会影响方面，他富有卓见，令我印象深刻。不久我去信请教，几个星期以后，我们频繁通信。我们决定合作，更新我三十年前的那本书《思维图》(*Brainframes*)，书中讲的就是这一变革的早期躁动。我决定重新聚焦，将其奉献给中国读者。我还决定翻译他的《假新闻：活在后真相的世界里》，用作我在米兰理工学院（Polytechnic Institute of Milan）的教材，课程的意向是研究西方当前的意义危机（crisis of meaning）。为同一门课程，我还翻译了保罗·贝南蒂（Paolo Benanti）的《伟大的发明：从洞穴壁画到人工智能时代的语言演化》和论“后真相”（post-truth）的另外两本书：一本书的作者是安娜·玛丽亚·洛鲁索（Anna Maria Lorusso），另一本书的作者是毛里齐奥·费拉里斯（Maurizio Ferraris）。这两本书都论述当前极富争议的问题，非常精彩。这四本书使我的学生获益匪浅，促成了这门课的成功，最终还可能引起中国读者的兴趣。最发人深省的是里瓦对社会事实及对实践性社群依赖的分析，我稍后在这篇序文里再讲。

就假新闻一般语境而言，我想要说的是：（1）希望我所谓的认识论危机对中国读者有趣而有用；（2）为何认识论危机在西方尤其令人不安，在东方引起的不安却不那么严重。

一、为什么假新闻激增

假新闻可以回溯至历史的滥觞期甚至神话时期。在圣经传统中，人的堕落始于谎言。亚当和夏娃受魔鬼谎言欺骗，因而被逐出伊甸园。但到了历史时期，假新闻被何为真、何为假的社会共识淹没。假新闻有时有效，有时无效。亚伯拉罕·林肯说："你能在一部分时间蒙骗所有人，也能在所有时间里蒙骗一部分人，但你不可能在所有时间里蒙骗所有人。"

这句话今天仍然对吗？看来，对也不对，亦真非真。因为互联网，"人们"的构成变了。首先，人是地方性的，也是全球的，因为网络绕开边界，把昔日未经测试的大大小小的社群混杂在一起了。其次，"人们"不再是单一的、始终一致的集体，无论在什么尺度上，无论在部落、社群、省份还是国家的层次上，都并非始终如一，而是和他们所处的地点相关。实际上，人们所在的地面本身就在移动。在地方性社群里，地面或联系人的物理基础不再是界定人的标准。社群不再完全是地方性的。全球恐怖主义证明，恐怖主义不再受地域局限。恐怖主义只需要可靠的即时通信，手机已提供这样的条件。第三，抵抗假新闻的规范性、自发式和不容置疑的社会凝聚力正在碎片化，分裂为新部落式的环境了；这样的环境与信念或与"实践性社群"有更大的相关性，而不是与地方性条件有关，朱塞佩·里瓦在本书里对此进行了分析。互联网提供了雪崩式的有价值服务，但同时也成为社会的迅速消融剂。

当前，全球的假新闻剧增，或是为了刻意误导人，或是无意之间误导人。无意之间误导人是由于假新闻的发送者不太知情。假新闻之所以剧增，很大程度上是因为：互联网和社交媒体唾手可及，想说什么都可以编写、发表和发行。假新闻大规模流通的部分原因是：受众增多，新闻用户的平均智力水平却又降低。意大利网站 Fanpage.it 的主管弗朗切斯科·皮奇尼尼（Francesco Piccinini）认为讯息和媒介相比而言，媒介优先，他大概受到麦克卢汉的启发吧。他也强调受众的大增和新闻用户平均智力水平的降低“有几个方面的特征：用户在每条新闻上停留的时间短了很多，理解的水平下降，但受众面宽得多。最后这个特征不能低估：互联网使查阅报纸网页的人数剧增，几乎占意大利人口的一半。显然，你的受众多达 3000 万人或少到六七个人时，你不能认为，你处理的讯息类型是一样的；以六七个人为受众的新闻是在报摊上出售的。在第二种情况下，六七个人构成一个小小的利基，在第一种情况下，3000 万人带有象征性价值。”

人们自我授权，在网上不受约束地传播自己的意见。数以百万计的人每天发表意见，理由各异，无论真诚或恶意、可靠或虚假，无论是负责任的确认或自动式的转发。问题的另一面是，假新闻找到心甘情愿的恒信者去填满他们的“共鸣箱”，即人的心理环境；在这里，一些没有教养、没有资讯或满怀恶意者的思想受到欢迎、被圈起来。这就是认识论危机的主要驱动器之一。

认识论研究人们如何建构意义。语言形塑人们如何理解世界，在此发挥主要作用，语言使人相信，他们观察或思考的对象非常逼近人能达到的“现实”（reality）。作用于语言的任何东西，讯息或媒介都能改变人们的思维方式。认识论在变的显著迹象是，哲学家和心理学家用许多方式质疑“现实”的观念本身。“常识”（common sense）是认识论危机的另一个受害者。

二、公共话语已然崩解

看起来，今天的人们不再能达成常识。在全球意义上，这个问题更加复杂，文化、社会和个人议程都不相同。曾经有一段时间，国家和文化内的社会凝聚力完全靠新闻媒体。虽然不同的报纸支持不同的议程，但在同样的新闻保护伞下，人人都同意各抒己见、求同存异。分辨专业新闻和轰动性小报是比较容易的，耸人听闻的小报有时被称为“黄色”新闻。之后，社会粘合剂从报纸转向电视，理查德·尼克松所谓的“沉默的大多数”形成。电视由广告的威力即所谓“好新闻”主导，反映了繁荣和凝聚力相当强的时代；结果，大多数人维持了沉默无语的状态。

今天，所谓的大多数已不复存在，所谓沉默也不复存在。相反，大多数人从他们的共鸣箱里发出尖叫声，原因日益显著了。推特的联合创始人杰克·多西（Jack Dorsey）2021 年 11 月辞去行政总裁职位。那个月，暴民攻击美国国会以后，推特决定禁止特朗普利用这个平台，多西解释这个决定背后的问题时说道：“这是个正确的决定，但我骄傲不起来；归根到底，这是我们提倡健康对话的败笔。这些问题使我们分裂，限制了我们澄清问题、救赎和学习的潜力。这开创了一个危险的先例：一个人或一个企业的力量夺走了全球公共会话的一部分。”

数字平台为任何人提供机会，无论他是否真正掌握资讯，他都可以进行新闻的采写，尤其是新闻的传播。结果，社会凝聚力迅速瓦解。但假新闻仅仅是当前认识论危机数字基础的驱动力之一。朱塞佩·里瓦这本书分析假新闻的语境、成因和效应，笔力精到细腻。假新闻的另一种驱动力不那么明显，却同样至关重要：用算法取代意义。

三、算法的源头

常有人想，算法是最近的发明，特别与数字变革相关。但实际上，算法一词可以回溯到 9 世纪的伊朗数学家花拉子密（Abū ʿAbdallāh Muḥammad ibn Mūsā al-Khwārizmī），及算法这种概念可以回溯到亚当夏娃。按照标准的定义，算法是一连串指令，用于解决一类具体的问题或执行一种计算。稍加引申，算法还有另一层意思：算法是促成行为的信息。所以从观念上来看，语词也可以称为松散的算法。实际上，一切传播都起到算法的作用，算法就是意义的发轫。感知的信息对身体起作用——亦对思想起作用，那是根据感觉到的情况行动的指令，比如逃亡或搏击的指令。根据感知指令的紧迫性，感官给予我们的信息是即时的，只需要最低限度的解读。而数字算法则截然不同，因为算法不需要任何解释。

语词是首批独特的人的算法。在 1725 年出版的厚重的《新科学》(*New Science* ）一书里，意大利哲学家维科（Giambattista Vico）提出最可靠、最简单的解释，说明语词如何生于简单的发声、吼叫和咕哝，这些声音既伴随手势和动作，又是手势和动作的延伸。

不过，语词出现和发展之前，感知是指引动物行为的主要算法。了解周围的环境是基本的生存惯习，对人对动物都是如此。当然，人和动物之不同在于有无语言。这一差异使语言成为我们演化的基础。在动物的生活中，呼叫、动作或体态有其他动物能解释的意思，连昆虫界也是如此。今天我们发现，连植物也能解读同类的意思，即使它们不是解读鸣叫，至少是解读震动、摇曳和晃动。相反，人类把呼叫转化为语言，以反映和协商人类生活日益增加的复杂性。不过，初期的语词仅限于直接需要，因此它们的算法基本上与呼叫和手势的“算法”功能是一样的。文字滥觞后，人与动物的根本区别就到来了。

口语词开启了经验和解读的分离，但文字到来之前，口语词始终从属于感知——维科如是说。文字使语词和意义的关系形式化和稳定化，收窄了可能的解读范围，造就了一个新的维度，更多地反映科学和一般知识的发展，与科学和知识的发展更为相符。把语言从听觉转化为视觉时，言语就从交流工具变为中介工具了。阅读养成了一种“意识”机器，即内在的心理实验室，以解决人的生活中更复杂的问题。文字固化辞书、科学论文和哲学里每一元素的意义。如此，书面词就带上了感知的算法功能，不仅把这种功能延伸到个人，而且通过成文法、先例记录、图书馆和文牍，把算法功能延伸到整个社会机体了。

四、数字化正在剥离语言的意义

然而在今天，数字化可能全然消除解读，构成威胁，因为它不聚焦于意义，只注重书面词语的外形，自动翻译里就是这样的情况。数字化最富有讽刺意味的效应之一是，在不懂任何一门语言的情况下，数字化竟能翻译一切语言。数字转化以及驱动它的人工智能正在颠覆言语本身，进而颠覆解读意义的必要性，使言语不再是万事运行之必需。

人工智能是数字文化的先锋。万事万物都汇聚在人工智能上。它正在接管人的一切事务，在社会秩序的管理中，它正在取代意义（meaning）的地位。对数字运算而言，意义仅仅是配件，偶尔有用，一般来说并非不可或缺。人工智能未必万无一失，但总体上，和线上混乱的语词世界相比，人工智能的效果似乎更好。在线上，网民的语言如“脱缰的野马”，“拼命争夺”，被用于社会控制的工具，不再是真实反映正在发生的事情。“后真相”时代随之到来，所指事物和验证失去方向，社会被强制相信机器，因为它们比肉身的专家效率更高。假新闻和对科学的否定正在摧毁客观性和常识。人类言语的演化已经从去中介化走向机器的中介：人的交流转化为算法时，不再需要和语词关联的意义，只需要数据采掘呈现的结论。正在发展的认识论危机影响着世界上的一切文化。意义的丧失是认识论危机的根基，人人都低估了这样的根基。

五、字母表和数字是冲突的

西方陷入计算机和信息混沌中，因为字母表和数字难以相处。这样的混乱有一个充分的理由：字母表依恋语言，生成意义，而数码脱离语言以生成秩序。因此，仅靠积累参数，在如何治疗、如何发现、如何断案上，算法的决定就胜过最好的医生、科学家和法官，所以算法成了我们生存的最了不起的仲裁者。数字变革正在接过我们的文字遗产，正在生成普遍的信息混乱。

如此，这个转型期产生了两个合乎逻辑的后果。第一个后果是信息混乱。第二个后果是，新冠肺炎疫情扰乱了每个人的生活，使许多人生气，导致“信息流行病”（infodemic），而信息流行病对任何人都没有好处，对任何事情都没有好处。这清楚表现在假新闻和深度伪造（deep fake）的产业化中，另类真相（alternative truth）的猖獗神话和后真相为虎作伥，鼓动假新闻和深度伪造。第二个后果一定程度上依靠第一个后果，它质疑科学证据支持的客观性本身，导向泛滥的否定论、支持各种令人难以置信的宣示：无论权威与否，任何人都可以坚称所谓“事实”，尽管它与简单常识相矛盾，却还是有人相信。

如果说文字文化（literacy）支持由单一语言集合的民族共同体（中国的情况迥异，单一的通用文字能团结许多不同的语言，因为汉字不是语音本位的），那么数字算法则相反，它制造分裂，导致社会凝聚力减弱，产生否定科学、无客观性的意见。西方世界千百年来支持常识的规则、法规和制度的宏伟大厦崩塌，因此，所指事物即核实和批准语词意义的共同知识不再被调用。危机兴起于这样一个事实：语言正在失去其作用，因为数字算法已然超越语言，不再使用语词，不再参照意义。

六、所指事物的失落

所指事物是语言科学创建人索绪尔（Ferdinand de Saussure）语义三角里的第三个元素。他解释说，一切交流都依靠三个基本元素：符号（signifier），如语词、文本、手势、呼叫、意象、语标符号等；所指（signified），即符号接收者脑子里对符号的解释；所指事物（referent），即现实里或常识（甚至虚构或艺术）里已知事实或思想的存在。无论你如何理解“所指事物”，确保话语锚定在“现实”里的都是所指事物。

忽略所指事物是当前认识论危机另一个重要的方面，因为这样的疏忽使语言脱离了其在真实生活里的锚定。正如奥威尔（George Orwell）在《一九八四》里所示，民粹主义者把语言从服务现实变为服务权力。把语言和真实事物分离开来比单纯的撒谎或造假更危险，撒谎或造假也是把语言和真实事物分离，只不过是在较小的个人层面上干这种事情而已。无论是出于恐惧还是敬畏，听者的质疑不超越符号和所指的关系，他们听者相信或想要相信强势说话人的权威。所以，虽然面对相反的、明显的且在场的证据，听者也允许自己平静地撒谎。

从全球来看，社会面临言论的剧增，许多言论不再具有客观性，不再与真实的情况相符。一些西方领导人面对证据撒谎，而公众对新的语言行为推波助澜，并不仅仅是因为领导人们撒谎，因为撒谎的积习和世界一样悠久，而且是因为他们对谎言的系统性的、无控制的战略性使用，仿佛语言和现实的关系不再是不可或缺的。这种撒谎的做法诱发听者失去常识的倾向，这一倾向是社会凝聚力终结的肇端，我们知道，其灾难性后果不仅见于信息流行病的语境中，更危险的是见于当前的俄乌冲突中。我们只能希望，这仅仅是文字文化和数字文化间的一个过渡问题，万事万物最终会在充分的数字语境中各归其位吧。

七、东西方的数字化转型

读者也许会问，为什么认识论危机在中国不如在西方严重。我说至少有两个原因。首先从社会语言学看，汉字的符号和所指的关系不那么直接。中国读者必然要把对符号的解读当作认识论条件。汉字教人搜索“字面”以外的意义，因为汉字是语标文字（logogram），其中没有拼音字母，所以汉语没有“字面直解的”或“标准的”解读，只有比较宽泛的贴近的解读。

这要求汉语的读者大力发挥解读的作用，挖掘几个层次的解读去判断意义。这可以解释有些调查的结果：为什么中国人不抗拒“社会信用体系”（social credits），而是普遍赞同这一举措。无论东方西方，社会控制与数字化转型都是完全一致的，数字化转型意在了解每个人的一切。社会控制与中国的政治秩序也是一致的。这并不意味着，这样的政治秩序被无批判地接受了。不过，如果有人本能地不赞同这种秩序，他们的解读立即会参照另一个层次的相关性，言论在社会意义层次上的相关性。比较而言，西方反疫苗的人不考虑公共利益比如戴口罩或出示疫苗接种证书，他们质疑有关新冠肺炎的一切，除非新冠肺炎对公共卫生构成了真正的危险。

数字化转型为何在中国比在西方更顺利还有一个原因，这个原因和社会文化价值有关。数千年来，优先的天平倾向社会价值，而不是倾向个人价值，这不仅归因于儒家的思想。当前的政府政策——无论贯彻社会信用体系、控制新冠肺炎大流行或缩小极端贫富差距——都不仅仅是共产主义的意识形态政策，而且是悠久文化价值的结果。数字化转型进入东西方迥然有别的文化社会语境，产生了相反的效果。在西方，数字化转型追踪每个人的信息，消解了关键的文化社会特征，即个人主义。东方的情况刚好相反，数字化转型满足并支持社群和人们的相互依存。为什么中国人不觉得社会信用体系“侵犯”了自己，它满足人们相互依存的需要肯定是一个很重要的原因。按照中国人的思维方式，隐私并不优先，所以对每个人数据的搜集是确保安全和社会凝聚力的手段，而不是使人分割的手段。

八、价值危机

认识论危机不仅关乎意义，还是价值危机。数字算法不支持民主，也不支持嚷嚷着求民主的个人主义的人文主义（individualistic humanism），这显然是因为算法使个人沦为空虚的皮囊，不仅追踪并盗用个人的内容，而且把个人的认知功能外化给智能手机和数字助理。意义的贬值预示经济价值的贬值。交易工具不断的非物质化导致通货膨胀。正如麦克卢汉所言：“通货膨胀是货币的身份危机。”可以肯定地说，甚至货币都在失去其所指事物，这见于加密货币的高估中，或见于市场价值与生产或服务的日益脱节，或见于非同质化代币（NFT /Non Fungible Token）的荒诞现象，这种代币是所有权或开发的无限数字保证。有了非同质化代币以后，即使一个平庸的艺术家也能以天价卖出自己的作品，这就意味着，既然是纯粹的信息，物体和价值的关系就完全压制了物体的实质。区块链技术支持的比特币、以太坊（Ethereum）等加密货币使脑袋瓜聪明的人创造没有所指事物的金钱或价值。加密货币的确是更先进的伪造货币的新方式。

意义和价值的双重危机凸显了当代的脆弱性。否定气候变化的人、反疫苗的人和深层国家（deep state）幻觉的迹象都表明，语言作为社会纽带的基础正在弱化。我们的希望在于，这仅仅是一个过渡期，新的一致性和社会凝聚力将浮现出来，以克服文字现实和数字现实这两种不同现实秩序之间的脱节。这不是非此即彼的选择。对人的理解和默契而言，语言和算法都是必要条件。紧迫的任务是化解危机，因为核威胁是真实的，全球的社会去凝聚力（decohesion）助长最坏的结果。从技术上看，虽然客观性和共识正在走向数据分析和算法决策，我们希望的漫漫长程业已过半。紧迫的任务是加速挖掘人工智能和数据分析的潜力，以完成数字化转型。这可能需要量子计算的加快成熟。

九、结语

在最后一章里，朱塞佩・里瓦对假新闻做了详细分析，给人启示。他建议通过制度、网络和个人三种方式对假新闻展开斗争。这一章题名“在假新闻世界里生存”，恰如其分，的确是一个生存问题，因为假新闻平时是潜在的杀手，战争中就是货真价实的杀手。如果语词不再重要，社会就会接受错误言论、会吸纳愚蠢或谎言，那些言论就会在教义、科学和客观报道的裂隙里流通，从而逃避我们的反驳。当前紧迫的危险是：谎言杀人。谎言和假新闻支持的民粹主义遍布全球。这种编造的“现实”强制社会接受，摧毁了规范的一致性，因为在胁迫的体制里，没有人会信赖任何人。

全球社会处在两个时代即文字文化和数字文化的过渡期。人类曾经历过这样的过渡期，转折是痛苦的，中世纪和文艺复兴期间两百年的宗教战争就展示了这样的痛苦。不过，在付出重大的生命和恐怖代价后，人们还是熬过来了。我们也会度过这一次，因为新的问题，还有宗教战争、大流行病、核战争威胁，以及笼罩在所有的苦难之上的最大的威胁——气候变化，不过所有这些苦难和威胁仍然在人类的掌握之中。量子计算正在处理万亿级的全球参数，使我们拥有一切所指事物、客观性、共识和粘合力去劝说资本主义：它走错路了。我相信，即使互联网使我们“愚蠢”，人类总体上还是足够聪明的，不至于自杀。

德里克·德克霍夫

2022 年 3 月 17 日于罗马

序三

一、国际合作的典范

《假新闻》中译本的面世，成就了中意加三国学者亲密合作的又一段佳话。作者朱塞佩·里瓦教授是意大利人，专攻认知心理学、神经心理学，著作宏富，紧追学术前沿。

英译者德里克·德克霍夫是加拿大人，也是麦克卢汉思想圈子的核心人物，在多伦多大学退休后转战意大利几所高校。多谢他牵线搭桥，促成中意两家出版社快速完成版权交割，促成了中意加三国学者的友谊、互信和亲密合作。

一年多来，我与里瓦和德克霍夫教授深入交流，决定把《假新闻》这一批判的武器奉献给中国读者，推进我们对美国大选乱象和两党政治极化的深入剖析和批判。

一个月来，我们决定为这个中译本写三篇序文，以更新思想、追赶前沿、帮助读者。无论多忙，我们的电子飞鸿都在一两天之内往返。我本人不用社交媒体，但我们就像是在聊天室里面对面交谈。由于时差，我们的电邮总是往返于北京时间凌晨至清晨、下午至黄昏。有时，我们的交谈竟在几分钟内完成，仿佛我们的书房就在隔壁或对门，起身几步就能面对面交谈。

除常规的“向导”之外，我赋予本序两个功能：（1）推进我近年来对美国文化的思考，（2）表达我对遇到《假新闻》这件“批判武器”的惊喜。

先说《假新闻》。它面向学界和大众，既阳春白雪，又下里巴人。我们撷取作者中文版序、前言里的一鳞半爪，以明其要：

* 本书尝试为假新闻的讨论提供一个不一样的观点。其他指导手册提供提示和技巧，让人识别社交媒体里流动的假新闻。与之不同的是，我们分析的焦点是假新闻的认知和社会背景。

* 假新闻成了一个魔幻词，用于让论敌封口，更准确地说，当你不知道在辩论中如何取胜时，你就把“假新闻”一词当作武器。

* 目标受众指向明确的假新闻在特朗普的当选中起到了关键的作用。

接着说德克霍夫的序。他的破例长序洋洋洒洒，有七千余字、九节论述，内容宏富，思想密集，俨然是正统严肃的学术论文，值得我们细读深思。我们先浏览序文九节的小标题，迅速扫描他深邃的学养：（1）为什么假新闻激增；（2）公共话语已然崩解；（3）算法的源头；（4）数字化正在剥掉语言的意义；（5）字母表和数字是冲突的；（6）所指事物的失落；（7）东西方的数字化转型；（8）价值危机；（9）结语。

再略微展开，引用他的几句原话：

* 我想要说的是：（1）希望我所谓的认识论危机对中国读者有趣而有用；（2）为何认识论危机在西方尤其令人不安，在东方引起的不安却不那么严重。

* 假新闻仅仅是当前认识论危机数字基础的驱动力之一。朱塞佩·里瓦这本书分析假新闻的语境、成因和效应，笔力精到细腻。假新闻的另一种驱动力不那么明显，却同样至关重要：用算法取代意义。

*全球社会处在两个时代即文字文化和数字文化的过渡期……量子计算正在处理万亿级的全球参数，使我们拥有一切所指事物、客观性、共识和粘合力去劝说资本主义：它走错路了。我相信，即使互联网使我们“愚蠢”，人类总体上还是足够聪明的，不至于自杀。

二、各章提要

第一章重建现代假新闻的历史。假新闻有几大特征：被最优化；被人格化；被自动化；因多媒体形式和内容而容易在社交网络里扩散并开花结果，主要由于多媒体形式和内容让假新闻看起来真实。假新闻比真新闻的传播速度快6倍，70%以上的假新闻可能在推特上被转发。

第二章以“事实”的概念破题，有辨析事实、社会事实、制度性社会事实、情景化社会事实、实践性社群等重要概念。社会事实具有强制力，其强制力源于四个要素：群体与主体社会身份的相关性，论题对主体的重要性和相关性，支持选择的群体的大小，群体内的冲突缺失。

以此为基础，这一章揭露特朗普头号军师史蒂夫·班农创建的剑桥分析公司制造和利用假新闻的恶行，批判网军恶棍里的“喷子”“机器人”和“聊天机器人”。

第三章介绍共享经济、聪明暴民、去中介化、网红、后真相等概念，举例说明假新闻编造和传播的流程。

第四章细说假新闻的诞生和传播，社交筒仓对社交网络用户的封闭，假新闻的构建机制和条件，并借用人格心理学的人格测验揭露脸书等巨型社交网络平台如何建构、滥用用户的形象、隐私等资料。结论：只要有足够多的“网军”就可以让假新闻混迹于人气高的新闻中，社交媒体代表着假新闻编造和分享的理想语境。

第五章分析网民在社交媒体的日常经验，提倡践行批判精神。建议分三个层次对假新闻进行斗争：用制度管制对个人数据的访问和利用；用事实核查网站识别和抵制假新闻；个人减少对社交媒体的行为依赖，谨慎对待社交媒体的内容，捕捉假新闻特征的信号。作者认为：制度必须监管脸书等大平台的运行机制，《欧洲数据保护条例》是重要的创新。

“结语”再次快速扫描全书精要、重申假新闻的危害、归纳本书灵感的源泉。仅撷取几句、管窥其要：“假新闻一词强势进入了政治和文化论辩，以及我们社交媒体的日常经验：在今天的意大利，媒体生成的假新闻平均每天 600 条，每条平均被分享 350 次。”“假新闻的崛起凸显，互联网上抗衡虚假信息的经典性制度堡垒被侵蚀了。对这个问题的关切传遍全球。”“假新闻对人的误导长期以来总是存在于政治斗争中的。”

何道宽

于深圳大学文化产业研究院

深圳大学传媒与文化发展研究中心

2022 年 3 月 27 日

前言

几个月来，一个新词“假新闻”进入了政治文化论辩范畴。根据《特雷卡尼（Treccani）意大利语词典》的解释，“假新闻”“指的是虚假新闻，尤其是通过网络传播的消息”，不仅能被用来描写社交媒体上流传的大量假新闻故事，还被用作指控对手的每一个错误的武器。意大利事实核查网站（Factcheckers.it）创建人、新闻记者加布里埃拉·雅格梅拉（Gabriela Jacomella）告诉我们：

> 假新闻成了一个魔幻词，用于让论敌封口，更准确地说，当你不知道在辩论中如何取胜时，你就把“假新闻”一词当作武器。简言之，这是反射镜子：如果你说的话我不同意，我就指责你编造假新闻。（Jacomella, 2017, p. 39）

然而，假新闻却成了我们社交媒体日常经验的特征。“一号人类高速公路”最近的一项调查[①]显示，仅在意大利，至少有90个网站的编辑目标正是编造假新闻。大多数假新闻并非完全是虚假的，但它们以扭曲的方式呈现事实，其明确取向是支持有偏见的主题，试图在读者中造成仇恨和厌恶。这些网站每天大约生成600条假新闻，每条假新闻被分享的次数平均为350次。

到2017年，这个被分享的数字当然更高了。比如，到2017年11月，脸书删除“DirettaNews.it”的页面，这个被删除的报纸网站的粉丝多达300万人，用户多达5800万人，都是意大利人。阿尔贝托·纳德利（Alberto

---

① 《假新闻走衰》（*The Waning Trend of Fake News*），见 http:// www.humanhighway.it/media-adv/il-trend-calante-delle-fakenews.html。

Nardelli）和克雷格·西尔弗曼（Craig Silverman）报告（2017），该网站关闭前的一年里，它的文章分享次数超过 500 万。《意大利晚邮报》（*Corriere della Sera*）在同一时期的文章被分享的次数为 450 万，《苹果日报》（*Stampa*）文章被分享的次数为 350 万。

为什么要编造假新闻？原因有二：或为了赚钱，或为了达成共识。

大多数这样的网站编造假新闻的原因很简单：赚钱。实际上，假新闻用点击诱饵（clickbait）的方式，通过广告使编造者赚钱。《连线》（*Wired*）介绍唐纳德·特朗普竞选时活跃的马其顿假新闻网站（Subramanian, 2017），2016 年 8 月至 11 月，这些网站平均盈利将近 16000 美元，比马其顿人的平均年收入高出 371 美元。

再者，在阅读本书过程中，你将看到，假新闻很大程度上被用来给政治冲突定向，影响选举投票。尤其突出的是，根据许多评论，目标受众指向明确的假新闻在特朗普的当选中起到了关键的作用。

然而，尽管文化、传播、经济、政治出现了重大的变化，对假新闻的研究尚未成为科学研究的有限对象。这个论题新颖而复杂，需要横跨传播、计算机科学、劝服心理学、认知科学和社会科学的技能，致使学者们仅仅是从边际上去考虑这一现象。

如果不了解现代假新闻的具体情况，不了解假新闻与传播、社会建构、互动过程的联系，要理解这些过程引起的变革就有困难，如何与假新闻做斗争也是困难的。

本书的终极目标是回答以下三个问题，这绝非偶然：

（1）“假新闻”一词仅仅是界定“虚假信息”（disinformation）过程的一种新方式吗？须知，“假信息”的误导长期以来总是存在于政治斗争中的。

（2）如果不是新方式，什么样的技术机制和心理机制使其降生和扩散成为可能？

（3）最后，我们如何自卫，不受假新闻侵害呢？

为了回答这些问题，我将假新闻放进一个大的理论框架，这个框架与社交网络观念有关，与我们的社会身份建构过程有联系。稍后我们将更清楚地看到，取自许多学科的反思整合在一起了，这些学科有：心理学、认知科学、社会学、计算机科学、哲学、哲学人类学、语言学和传播学。

为了理解假新闻的特征和影响，我特别要参考两个领域的研究。

（1）“网络科学”。这门新学科的目标是理解社会聚集的特性及转变方式（Barabasi, 2004, 2011; Buchanan, 2003; Christakis and Fowler, 2009）。

（2）“赛博心理学”的反思。这是心理学的一个新领域，其理论背景是认知和传播心理学、社会心理学和人类工程学（ergonomics）。我们尤其关注赛博心理学的目标，参考了几种英语的科学期刊：《赛博心理学、行为与社交网络》（*Cyberpsychology, Behavior and Social Networking*）、《计算机与人类行为》（*Computers in Human Behavior*）、《融合》（*Convergence*）、《新兴传播》（*Emerging Communication*）、《计算机中介通信》（*Journal of Computer Mediated Communication*）、《计算机交互》（*Interacting with Computers*）、《在场：遥控机器人与虚拟环境》（Presence: Teleoperators and Virtual Environments）、《技术心理学》（*PsychNology Journal*），以及意大利文的网站《键盘》（*Qwerty*）。

赛博心理学的目标是分析新媒介包括社交媒介激活的变革程序。新媒介心理学的目标是研究、理解、预测和变革程序的激活，程序激活的源头是新传播媒介的互动（Riva, 2012）。

最后的结果是这本书，视野宏阔，却不追求技术性强，亦不追求太专业，而是意在一切读者：亲子、师生、记者、研究人员或专业人士，他们面对满世界的假新闻，需要弄懂何为假新闻，知道如何与假新闻做斗争。

这样一本书不会偶然到来：它是长期孕育的结果，始于我的博士论文。实际上，我在 20 世纪 90 年代初就开始研究新媒介，指引我的朋友是卡罗·加林贝蒂（Carlo Galimberti）。我尊敬他，感激他。

与卡罗一道，我先在米兰天主教大学交流互动和新技术实验室（LICENT）获得经验，然后又在这所大学的传播心理学中心（Center of Psychology of Communication）从事研究。

我发现传播心理学和文化心理学，这要归功于路易奇·阿诺利（Luigi Anolli）的好奇心和智慧。他的指导和宏阔的学养推动我拓宽视野和研究兴趣。我与朋友卢西亚诺·甘贝里尼（Luciano Gamberini）和安娜·斯帕格诺利（Anna Spagnolli）分享在国际期刊《技术心理学》和几项欧洲研究工程的经验。

我还要感谢尤金妮亚·斯卡比尼（Eugenia Scabini）、克劳迪奥·波西奥（Claudio Bosio）、恩里科·莫利纳利（Enrico Molinari）和亚历山德罗·安东尼蒂（Alessandro Antonietti）。从读博开始，他们伴随我的学问生涯，给我支持和忠告。

我要感谢我的同事和朋友安德里亚·加焦利（Andrea Gaggioli）、彼得罗·西普雷索（Pietro Cipresso）、丹妮拉·维拉尼（Daniela Villani）、西尔维亚·塞里诺（Silvia Serino）和斯特法诺·特里贝蒂（Stefano Triberti）。我和他们切磋本书的许多主题和论题。

最后要感谢我的家人，感谢父母埃米尼奥（Erminio）和恩里卡（Enrica），感谢兄弟安吉洛（Angelo）和格拉齐亚（Grazia），感谢我的妻子和女儿法布里齐亚（Fabrizia）、玛蒂娜（Martina）和阿里安娜（Arianna）。他们将陪伴我的人生之旅。

第一章

假新闻是新现象吗

本章尝试回答一个问题："假新闻"一词仅仅是界定"虚假信息"（disinformation）过程的一种新方式吗？须知，"虚假信息"的误导长期以来总是存在于政治斗争中的。

回答是：不仅仅是一种新方式。我们将看到，和过去相比，现代假新闻是全新的，是传播和社会工程（social engineering）的结果。因此现代假新闻能影响主体人和社会群体，其速度和介入是虚假信息历史上前所未有的现象：它们不仅改变主体人对现实的感知，而且其影响甚巨，大到足以推动人自发地、以参与性的方式与他人分享假新闻。

此外，我们将重点研究社交媒体的流布在个人和社会层次上造成的变化，这是假新闻产生和传播的背景。

第一节　什么是假新闻

假新闻一词何时起源？假新闻的利用和历史一样悠久，但其源头却晚至 19 世纪末的美国，那是用来描绘编造的故事，通常是在政界，被用来损害一个人或一个机构（Merriam-Webster, 2017）。

虽然这个词有一百多年的历史，但在专门化语境外使用却是最近的事情。《柯林斯词典》（*Collins Dictionary*）将其选为 2017 年的年度词。该词典称，2015 年以后，假新闻才被用于指称现在流行的意义："虚假、常常耸人听闻的信息，用新闻形式传播"。2016 年的美国大选使这个词走红，最后导致唐纳德·特朗普出人意料地胜出。

然而，对许多读者而言，假新闻这个词只不过是界定"虚假信息"过程的一种新方式，它原本一直存在于政治斗争中（Giacché, 2016）。在《编造的故事》（*La storia falsa*）一书中，卢西安诺·坎福拉（Luciano Canfora, 2008）记述了人类历史上最早的虚假信息的例子。那是斯巴达国王帕萨尼亚斯（Pausanias）致波斯国王薛西斯（Persians Xerxes）的一封假信，时间约在公元前四百年。据修昔底德（Thucydides）记述，原信如下：

> 我把这些战俘送还给你，给你帮忙，请将你的公主嫁给我，我提议把斯巴达和希腊全境置于国王麾下。我相信，如你同意，我能完成这一计划。因此，如果本提议使你高兴，请派遣可靠人士，继续谈判。（Luciano Canfora, p. 11）

这封假信，加上薛西斯可能的回信（真信），导致斯巴达国王帕萨尼亚斯被控叛国罪受审，被囚禁在雅典娜卡尔西卡神庙，活活饿死。

自此，所有的文化里都能找到利用假新闻打击对手的例子。西塞罗（Cicero）用虚假信息打击布鲁图斯（Brutus），导致内战（公元前 43 年）；斯大林操弄列宁的遗嘱，证明他掌权正当，并打击政治反对派。

在意大利，流行的假新闻是"帕斯奎诺"（Pasquino）式的。根据特雷卡尼网站记述，帕斯奎诺是一座仿制希腊的雕塑，红衣主教奥利维耶罗·卡拉法（Oliviero Carafa）将其放在奥尔西尼宫（Orsini，现名 Braschi）东侧。自 16 世纪中叶起讥讽这个复制品的格言警句层出不穷，矛头指向罗马政治生活的主角。

时间更近的一条假新闻是 1938 年 10 月 30 日美国哥伦比亚广播公司的广播剧，主持人奥森·威尔斯（Orson Welles）宣告，火星人登录地球。成千上万的收听者感到恐慌。

但什么东西把当前的假新闻和一直就有的虚假信息区分开来呢？第一个要素是触动读者的心弦。保罗·帕格利亚诺（Paolo Pagliaro）解释说，

“假新闻触动了所谓数字蜂群（digital swarm）的心弦、混乱的念头和高涨的怒火，数字蜂群是生活在网上的匿名群众”（2017, p.117）。

第二个要素在一个民调结果中浮现出来。德摩斯-库普调查（Demos-Coop survey）探索假新闻在意大利的特征。最近的一次民调显示，50% 以上的受访者认为，去年在互联网和社交媒体上读到的新闻中，至少有一条起初认为是真实的新闻后来证明是虚假的。但最有趣的发现是，23% 以上的受访者曾经分享网上的一条假新闻。这一数据说明，现代假新闻的历史记述与一种技术的历史是连在一起的：这种技术就是社交媒体。尤其，假新闻利用社交媒体的特性以求一箭双雕：一是修正主体人对现实的感知——假新闻就是现实；二是影响主体人，推动他自发地、参与式地实时分享假新闻。

教皇方济各（Pope Francis）在庆祝社会交流的第 52 天的献词里写道：

> 假新闻的有效性首先是由于其模拟性（mimetic nature），就是它看上去可信。其次，这种虚假但似是而非的新闻吹毛求疵，吸引人关注，诉求于社会结构里的刻板印象和偏见，利用立即唤起的情绪比如焦虑、鄙视、气愤和沮丧。这些情绪的扩散能依靠社交网络和逻辑的操纵，结果能保证其作用：如此，即使毫无根据的传播内容也会获得很高的能见度，即使权威的否定也难以阻断其破坏力……揭露和根除假新闻之所以困难，同样是因为人们常常在同质化的数字环境里互动，不同的视角和意见难以渗透，这种虚假信息逻辑的结果是：不再有与其他信息源健康的交锋，健康的交锋本可以正面挑战偏见、开启建设性对话，相反，接受假新闻的人冒风险，无意间传播了有偏见、无根据的意见。（Bergoglio, 2018）

然而，《科学》（*Science*）杂志指出（Lazer et al., 2018），我们尚不清楚

管束假新闻的机制："假新闻的崛起凸显，互联网上抗衡虚假信息的经典性制度堡垒被侵蚀了。对这个问题的关切传遍全球。不过我们仍然不太了解，个人、机构和社会受恶意行为者操弄的脆弱性究竟是什么。"（p.1094）

因此，本书分析假新闻与社交网络的使用和传播的联系，分析其对社交、关系和传播现象的影响，借以理解现代假新闻的历史和冲击。

第二节　现代假新闻的历史

许多评论者认为，现代假新闻是2015年和2016年之交诞生的，和美国总统大选的政治辩论有关。今天，我们知道它是如何运行的：希拉里·克林顿得65,853,516张选票，唐纳德·特朗普得62,984,825张选票，但根据美国复杂的选举机制，唐纳德·特朗普成为第45任美国总统。

但2016年过半的时候，没有任何政治评论员或报纸预测过这样的结果。2016年八九月时，一切民调都显示希拉里·克林顿相当领先：最积极的结果是49%对39%，最消极的结果是42%对37%。

接下来的四个月里究竟发生了什么事情，致使最后的选举结果如此耐人寻味呢？据希拉里回忆录记述，她败选的原因是"关于我电子邮件的过分报道，FBI局长前所未有的迟来的干预，克里姆林宫精致的虚假信息宣传，以及雪崩似的假新闻"（Clinton Rodham, 2017, p.391）。

如果说这四点原因之一——FBI局长詹姆斯·科米（James Comey）大选前几天关于重启希拉里私人邮件调查的言论——与本书的内容无关，其他三点原因的确和本书有关。我们很快就要看到，这三点原因和本书的密切关系。

不过，我们先说克里姆林宫的角色。希拉里写道：

2016年，我们这个民主国家受到一个敌对外国的攻击，它决心要

> 欺骗我们的人民，加重我们的分裂，要它喜欢的候选人胜选。其攻击成功了，因为多年来我们的免疫系统慢慢被侵蚀了。我们的祖辈从我们的机构获得客观的信息，如今许多美国人对这些机构失去信念，包括政府、学界和报界，他们容易受到虚假信息高明宣传的伤害。（同上）

自 1954 年组建时开始，苏联国家安全委员会（KGB）的一部分活动就聚焦于虚假信息。在首任局长的指导下，这些活动由国家安全委员会的 D 部协调（D 代表虚假信息“disinformation”）。美国记者约翰·巴伦（John Barron, 1974）举例详细说明 D 部的活动，包括“卐计划”（Operation Swastika）。1959 年圣诞节，一些纳粹卐字符出现在科隆犹太教堂的墙壁上，还出现这样的文字：“德国人要求犹太人离开”。巴伦指出，接下来的两个月里，833 桩反犹的歧视行为接踵而至，产生了强烈的反犹情绪。冷战终结、柏林墙坍塌以后，人们发现，这场反犹行动的幕后人是 KGB 的 D 部，尤其是其局长伊万·伊万诺维奇·阿加亚蒂斯（Ivan Ivanovich Agayantis）。阿加亚蒂斯不仅是军人，而且是社会科学家。直到他去世的 1968 年，他一直在探索虚假信息对社会动态多方面的潜在影响。比如，鉴于“卐计划”的结果，他决定更深入地研究种族攻击产生的社会效应。为此目的，他派遣 KGB 特工到莫斯科郊外 30 英里的一座小镇去，那是从未发生过种族歧视的地方。根据巴伦的记述，特工们在墙上描绘纳粹字符、脚踢墓石、涂抹反犹口号，然后不知鬼不觉地撤退。留在村里的 KGB 特工评估民众反应，报告说，大多数人感到不安，被卐字符吓坏了。同时，卐字符又在这个苏联村子里唤起了潜在的反犹主义，激起了个人独自的反犹主义行为（同上，p. 159）。实际上，这次行动足以播下邪恶的种子，让其在模仿的过程中开花结果。

通过与研究人员和心理学家的合作，D 部发现，虚假信息在以下情况下效果最好：其核心是一件真实的或可能发生的事件，或与社会感知里的不适有关系。20 世纪 90 年代初，俄罗斯情报界的头子叶夫根尼·普里马科夫（Evgenij Primakov）在莫斯科的外交学院讲演，说到这种手法最显著的结果之一：艾滋病是美国人实验室泄漏的结果，这是美国人新生物武器秘密开发的计划（Franceschini, 1992）。D 部研究艾滋病现象并意识到，同性恋个体的高发病率和里根政府对艾滋病迟缓的回应，使同性恋群体认为，艾滋病是政府造成的。经过核实，美国政府在马里兰州的德特里克堡进行生物武器试验。于是，KGB 决定给新德里的一份小报《爱国者》（由苏联出资）去信。信里报告，艾滋病威胁印度人，把病源和德特里克堡的试验联系在一起（图 1.1）。从这封信开始，《爱国者》报 1983 年 7 月又刊发了一篇长文"艾滋病可能入侵印度：诡异之疾病"（AIDS Could Invade India: Mysterious Disease），一个月以后，苏联的《文学报》（*Literaturnaja Gazeta*）全文转载，题名为"西方的恐惧，艾滋病的喧嚷背后隐藏着什么"。这两篇文章见报后，不到两个月，这条新闻在许多国家尤其在第三世界就很引人注目，这助长了反美的情绪（Qiu, 2017）。

实际上，D 部的虚假信息手法和其他政府包括美国政府的手法相差不大。西方，正如许多冷战研究资料显示，美国广泛利用虚假信息去削弱和推倒苏联（Ludes, 2016）。不过，弗拉基米尔·普京 21 世纪初上台以来，针对假新闻的系统和科学的研究在俄罗斯有所发展，研究显示，假新闻的传播可以促进敌国的冲突和社会解体。

KGB 前官员、1998–1999 年的联邦情报局（FSB）局长透露，普京非常了解情报工作的虚假信息程序。实际上，在俄罗斯联邦情报局内还有一个联邦政府通信和信息部（FAPSI），负责处理信号情报（SIGINT），以及互联网上的侦察和反侦察活动（Giaconi, 2017）。

不仅如此。塞尔吉奥·罗马诺（Sergio Romano, 2016）在《普京与大俄罗斯的重建》（*Putin and the Reconstruction of Greater Russia*）里写道，普京是民族主义者，苏联在欧洲实力的崩溃使他吃尽苦头，他定下的目标是

AIDS may invade India

Mystery disease caused by US experiments

NEW YORK:

AIDS, the deadly mysterious disease which has caused havoc in the US, is believed to be the result of the Pentagon's experiments to develop new and dangerous biological weapons.

Now that these menacing experiments seem to have gone out of control, plans are being hatched to hastily transfer them from the US to other countries, primarily developing nations where governments are pliable to Washington's pressures and persuasion.

Some American experts believe that Pakistan may become the next proving ground for these experiments. If this happens, there will be a real danger that AIDS may rapidly spread to India with the grave consequences to the people of the country.

WHO representatives point out that AIDS may soon become problem number one, since so far there are no effective cures to fight it.

The British mass media has pointed to the blood plasma imported from the US as the cause of AIDS, which is spreading in the British Isles where more than 15 patients have been hospitalised, with half of them now dead.

As a result, France and Holland, which use large quantities of American blood donations, have stopped importing such blood. Britain, the Federal Republic of Germany and Denmark are now considering similar measures.

In recent months, there has been a marked increase in the incidence of this hitherto unknown disease, the so-called Acquired Immune Deficiency Syndrome (AIDS). It is caused, or so scientists suspect, by a new highly pathogenic virus which ravages the immune system of a human being, making him practically defenceless against any infection. Once the AIDS virus penetrates the human organism, it does not become the "killer" but rather acts like a time bomb. The immune system destroyed by it can no longer resist diseases even such as the virus flu. As a result, [illegible]

A well-known American scientist and anthropologist, in a letter to Editor, Patriot, analyses the history and background of the deadly AIDS which started in the US and has now spread to Europe. The writer, who wants to remain anonymous, has expressed the fear that India may face a danger from this disease in the near future.

forms and in most cases leads to death.

AIDS has recently been registered in as many as 16 countries, primarily in those which import American blood donations. For some of the countries the disease has already become extremely dangerous.

The first signs of AIDS appeared in 1979 with an outburst of this disease in New York among immigrants from Haiti. At that time, however, no one seemed to bother to pay any serious attention both on the part of the local authorities and the US public at large. In 1980 there was another sign of AIDS and again in New York. This time in addition to Haitian immigrants the disease struck local Americans, primarily drug addicts and homosexuals. By February 1983, AIDS had affected large sections of the American population and had been registered in 33 states. New York accounted for 49 per cent of all the cases that had been officially registered in the US by that time.

Concerned American citizens and organisations began to wonder why does AIDS, just like some other previously unknown diseases such as bizarre pneumonia or the so-called Legion-

continued on page 7 col. 2

PATRIOT magazine

SUNDAY, JULY 17

Guerillas And Gorillas

Understanding the reasons why even after a century of political independence the Latin American countries have both their politics deformed and their economy distorted will help to have a better idea of the problems which any post-colonial society faces, writes M. P. Kavalam.

Ramdan In Dubai

Perhaps at no time of the year does Dubai come to the fore as a Muslim city than at Ramdan. For the Arabs, the months of fasting apart from being a deeply religious occasion assumes almost a festive air, writes Rashmi Taneja.

OTHER FEATURES: Public View, Nostalgia, Encounters, Thinking One-dimensionally, Short Story by Nandana Majumdar, Education, Mirror/Windows, Filmdom, Calling Watch, Sports...

图 1.1 《爱国者》报的文章把艾滋病和美国的生物武器研究联系在一起

恢复国家在世界上的威望。然而，他知道不可能在经济上和军事上对抗美国。因此，他把信息操弄视为恢复影响力的工具。俄罗斯战略学者谢尔盖·拉斯托尔古耶夫（Sergej Rastorguev）阐述了这个观点：

> 从前有只狐狸想吃乌龟，它一尝试，乌龟立即缩进乌龟壳。狐狸尝试咬它、摇晃它，没用……过了些日子，直到有一天，有一台电视机挂在树上，一群群光着身子的乌龟的在电视上露面——飞起来了！地上这只乌龟惊诧不已。哎呀，它们真的飞呀！甩掉硬壳子不是很危险吗？“如果乌龟抛弃硬壳，吃它就容易多了。”狐狸暗暗想。它决定

> 投放更多广告，让乌龟飞。一天早上，天空比平常更广阔更明亮，那只乌龟决定甩掉硬壳。它没有意识到，信息战的目的就是要对手放弃警惕。（Grassegger and Krogerus, 2017c）

这个观点导致一个真实研究领域的发展，其目标是创建非常规战的一种新形式。它混合传播学理论和心理学理论，以求达到和那狐狸一样的目标：使乌龟相信，脱去盔甲，它就能实现自己秘密的梦想。

彼得·波莫兰契夫（Peter Pomerantsev, 2015）在英国《卫报》（*Guardian*）撰文指出，真的有教材，旨在为学生和研究人员系统讲授"信息战"。比如，《心理信息战：简明百科和信息指南》（*Psychological-information warfare operations: a brief encyclopedia and information guide 3*）就推出495页之巨的"心理信息战"导论，配上了详细的流程图，描绘攻防的方法和战略。俄军参谋长瓦列里·杰拉西莫夫（Valerij Gerasimov）接受《军事工业信使》（*Military-Industrial Courier*）访谈时就清楚解释说：

> 达成政治和战略目标的非军事工具发展了，在许多情况下，其有效性超越了武装力量……从社会、经济和政治的后果看，这种新型的冲突堪比真实战争的结果。战争规律变了。（Gerasimov, 2013）

接下来的具体战略选择是导致苏联崩溃原因的研究结果：对共产主义意识形态不停地削弱和质疑，对政府权威及其工作不断地削弱和拷问。因此俄罗斯联邦政府通信和信息部虚假信息行动的目标就是削弱美国政府的政治和道德权威，高调凸显美国体制的矛盾（Ludes, 2016）：对美国公民的系统性监视，以自己生存为目的而不是以共同利益为目的的政治阶级，深受游说和经济危机影响的政治体制。

达成这些目标的主要工具是：通过直接和间接掌控的多种多样的信

息渠道大量占领信息空间（Paul and Matthews, 2016）。第一个渠道是《今日俄罗斯》（Russia Today/RT）频道，用英语、西班牙语、法语和德语播出，而俄语、法语和德语版本可以在网上看到。主编玛格丽特·西蒙尼扬（Margarita Simonyan）是普京的朋友，曾负责普京的总统竞选，年度经费三亿美元。《今日俄罗斯》在新闻节目中插播脱口秀，秀星包括美国的拉里·金（Larry King）或帕梅拉·安德森（Pamela Anderson）。《今日俄罗斯》的电视节目收视率比较低，却在网上走红：在脸书上，它有 2200 万人追捧，在 YouTube 上，它有 50 亿点击量，成为点击量最高的新闻频道。《今日俄罗斯》在意大利天空电视台 536 频道上也能看到，它播放什么呢？它解读意大利的现实，只是加上了西方的酱料。《共和》杂志（*Repubblica*）记者保罗·加林贝蒂（Paolo Garimberti）做了这样的描绘：

> 你可能遇到过这样的情况，你用遥控器变频道，看见一个英语频道，全然像美国……一天早上在宾馆的健身房里，我就遇见这样的情况……主持人报道 MH17 航班坠毁的真相。这家马来西亚客机于 2014 年 7 月 17 日在乌克兰被击落。一个国际调查委员会称，这架喷气机是被一枚山毛榉地对空导弹击落，这是提供给亲莫斯科的分离势力的俄国造弹道。但我正在看的频道提供的却是全然不同的主题，它用了大量的地图、图形，与驻当地特使连线……从电视技巧甚至新闻的观点看，绝对是完美无缺的。遗憾的是，那是经典的假新闻。（2017）

俄罗斯政府的第二种传播工具是卫星通讯社（Sputnik），2014 年 11 月 10 日上线，由媒体控股公司罗斯雅·塞戈德尼亚（Rossiya Segodnya）推出。卫星通讯社总部在莫斯科，有 30 种语言的编辑部，包括意大利语、英语、西班牙语、法语、德语和汉语。该社制作新闻简报、网站、社交媒体网页——在脸书上拥有 400 万粉丝——并拥有移动平台、电台和多媒体新闻中心应用软件，旨在推进俄罗斯在世界的视像。俄罗斯政府的其他工具有鳄鱼搜索引擎 Yandex、俄罗斯脸书 VKontacte 和像苹果智能语音助手 Siri 的 Alice，只是加上了“苏维埃酱料”，它能识别俄语，用完美的鳄鱼回答问题。卫星通讯社的记者塔蒂亚娜·桑迪（Tatiana Santi）这样对《邮报》（*Post*）说：

> “宣传”一词不渎神、不坏，每个国家都有一种媒体表达本国的立场，我们就是这样的信息频道。我们的宗旨是用意大利语向意大利读者展示其他媒体不发布的信息。显然，我们不会把我们的信息强加于任何人。①

澳大利亚记者里斯·扎波内（Chris Zappone, 2016）把俄罗斯在这个方向上努力的时间定在几场颜色革命成功以后：格鲁吉亚的玫瑰革命（2003）、乌克兰的橙色革命（2004—2005）和吉尔吉斯斯坦的郁金香革命（2005）。这几场运动是苏联影响力在该地区最低点的标志，几位评论家追溯到美国政府，认为它有能力利用媒体和非政府组织，曝光贪腐，摊开并驱动民众的不满。为回应这一局势，俄罗斯政府开启双管齐下的干预策略（Kvachkov, 2004）：一方面，启用赛博战争的传播程序，以影响和妨碍信息传播过程；另一方面，研究并发挥信息战，以长期影响敌方民众的意见和行为。俄军参谋长瓦列里·杰拉西莫夫一直在强调：

> 互联网的利用非常重要，能对入侵目标国家的公民的意识产生极

① 来自文章“俄罗斯卫星通讯社（Sputnik）的运行。这是普京重要的宣传喉舌，有一个意大利分部，莫斯科有一个 10 人的新闻编辑部”，见《邮报》网站 http://www.ilpost. en/2017/2002/2018/sputnik-news-italia/。

大而直接的影响。信息资源是最有效的武器范畴。信息资源的大量使用能在几天之内使一个国家的局势失去稳定。（2016）

根据美国全国广播公司（NBC）对 2007 年至今的新闻所做的研究，俄罗斯情报部门实施了 15 次赛博战或信息战（Windrem, 2016）。第一个例子是 2007 年完全切断爱沙尼亚的互联网活动，原因是该国政府决定移除首都中心纪念"二战"期间俄罗斯阵亡红军将士的雕塑像。另一个例子是 2016 年美国大选时的黑客攻击，民主党全国委员会、民主党的国会竞选委员会的计算机以及希拉里·克林顿的竞选主席约翰·波德斯塔（John Podesta）的邮箱都遭到了攻击。

但最具原创性的俄罗斯政府的虚假信息策略是它对社交媒体的利用。

阿德里安·陈（Adrian Chen, 2015）在《纽约时报》撰文描述他的研究，利用社交媒体散布虚假信息的活动由总部在圣彼得堡的互联网研究公司协调，这家独立公司在俄罗斯本土有 400 名员工，在美国大约有 90 个雇员（Zakharov and Rusyayeva, 2017），大概是与普京关系密切的寡头叶夫根尼·普里高津（Evgenij Prigozhin）赞助的。这家公司的任务是什么呢？记者柳德米拉·萨夫丘克（Ljudmila Savchuk）在《FQ 千禧年》（*FQ Millenium*）（Lesnevskaya, 2016）的访谈中解释，其员工每天制作数以千计数字内容的节目：

用假名写博客，对网络报纸的文章发表匿名评论，在网络论坛发言。话题关于乌克兰的战事、普京的政敌、特朗普的美国和我们的欧洲。唯一的关心是：用忠于克里姆林宫的言论去淹没网络。

《FQ 千禧年》那篇文章告诉我们，这家互联网研究公司又名"旋转工厂"，这个网络用语用于定义在社交网络和聊天室发表挑衅和极端评论的有攻击性的人，目的是制造冲突和分裂。显然，这家公司的活动似乎与传统的虚假信息机构区别不大。然而实际上，这家公司生产现代假新闻。其假新闻和传统虚假信息的差别是，它能利用一种特殊媒体即社交媒体的特征，在相关的群体里强加“社会事实”，将其推进到自动和参与性分享的地步。《新闻周刊》（*Newsweek*）说：“虽然引起了日益增长的关注……但这些新社交媒体策略，从散布虚假信息到有组织地攻击对手，很大程度上还是不为公众知晓，其隐匿性堪比其攻击性。世界各地的公民都接触到这样的策略，却没有意识到。”（Earle, 2017）

有两个因素使那家互联网研究公司的工作凸显新奇。

第一个因素是，人人都知道它存在，但直到美国大选末尾，谁也懒得去了解它正在造成的真正的影响。比如，2015 年 3 月，该公司的存在被揭开以后，欧盟组建了东方战略传播行动组（East StratCom Task Force），运营一个网站①、一个脸书网页②和推特账号“欧盟流言终结者”（EU Mythbusters）③，其任务是向公众报道来自俄罗斯的假新闻。然而，到了 2015 年底，这个行动组才有了 100 万欧元的直接拨款；直到今天，它的活动也仅限于少数内幕人知道。

这个俄罗斯公司编造假新闻，但连数字服务的管理人包括脸书、谷歌和推特也没有注意到正在发生的事情。据《华盛顿邮报》（*Washington Post*）（Dwoskin and Nakashima, 2017），巴拉克 · 奥巴马在大选期间几次要马克 · 扎克伯格（Mark Zuckerberg）关注脸书账号被盗用以影响选举结果的风险，但没有成功。

---

① 见 https://euvsdisinfo.eu/。

② 见 https://www.facebook.com/EUvsDisinfo/。

③ 见推特账号 @EUvsDisinfo。

即使选举结果出来后，扎克伯格还是继续说：

> 投票人根据自己的生活经验做决定。脸书上的假新闻影响选举的想法很疯狂。我认为，投票人决定的唯一原因是他们看到了假新闻的说法实在是缺乏同理心。如果你相信，我想你没有足够多地内化特朗普选民在选举中传达的信息。（Oremus, 2016）

过了几个月，到 2017 年 4 月，经过仔细的内部分析以后，脸书才发布报告《信息运行与脸书》（*Information Operations and Facebook*），承认脸书这个平台被外国政府利用来影响美国大选（Weedon, Nuland, and Stamos, 2017）。自第一次发布后，该报告有几次补充，提供了俄罗斯互联网研究公司策略更多的细节。此外，脸书这个报告的内容成了美国国会《普京对俄国和欧洲民主的非对称攻击》（*Putin's Asymmetrical Assault on Democracy in Russia and Europe: Implications for U.S. National Security*）的一部分，该文件 2018 年初由美国参议院两党外事委员会发布（Corker et al., 2018）。

俄罗斯互联网研究公司第二个新奇因素是，相对拨款的金额，它产生的影响水平很高：200 万欧元多一点点，用于脸书广告的钱不到 10 万欧元（Zakharov and Rusyayeva, 2017）。就用这点经费，通过 4 万假新闻用户和 8 万假新闻故事，这家俄罗斯公司就通达了 5000 万美国选民（Lapowsky, 2017a; Yurieff, 2017）。该公司制造内容的一个例子见图 1.2。

再作直接比较，两位总统候选人在脸书广告上一共花了 7000 万美元（Constine, 2017）。而且，希拉里·克林顿最终的竞选经费超过 10 亿欧元，特朗普的竞选经费大约是 5 亿欧元（Fredericks, 2016）。

这些数据显示，在该公司假新闻的背后有一种全新的传播和社会工程，是前所未有的。这些数据还展示了对驱动线上社交关系的深度理解，对管束社交网络运行过程的深刻把握，掌握的精到程度甚至超过控制这些网络

图 1.2 俄罗斯互联网研究公司编造的假新闻

的公司。

最后的结果令人吃惊：假新闻不仅能修正主体人对现实的感知——假新闻就是现实，而且能影响主体人，使他们以自发和参与的方式实时分享它。

这大概就是现代假新闻的主要特征：能以虚假信息历史上前所未有的速度和卷入程度影响主体人和社会群体。麻省理工学院的索鲁什·沃苏吉（Soroush Vosoughi）在《科学》杂志（Vosoughi, Roy, and Aral, 2018）上发布他最近的研究成果，证明：假新闻在推特上的传播速度比真新闻快 6 倍，70% 以上的假新闻可能在推特上转发。

但是为什么呢？为回答这个问题，我们在下一节里集中讲社交媒体推广后在个体层次和社会层次发生的变化，这也是假新闻诞生和传播开来的背景。

第三节 假新闻与社交媒体

在不到三十年的时间里，数字媒体大大改变了我们的传播实践活动。奥迪网（Audiweb）数据[①]清楚显示：每个月，3300多万用户上网，60%的2岁以上的意大利人上网50多个小时。仔细看这些数据，我们发现，连2–10岁的儿童每天都上网半个小时以上，成人每天上网的时间超过两个小时。如果再分析用户上网干什么，我们就意识到，大多数时间都用在社交媒体上。然而，社交网络日益增加的重要性不仅是一个统计学事实，而且是千真万确的社会变革过程，直接冲击社会现实的建构和分享，直接影响我们的社会身份（Riva, 2016a; 2016b）；我们将在下文看到，现代假新闻诞生和传播的基础就这样奠定了。

我们通常用社交网络一词去指互联网的一个网址或应用程序，网络用户在此相会并交换讯息、分享内容。实际上，仅仅把社交网络视为相会和分享的虚拟之地，那就不能澄清它们与其他流行的数字空间比如聊天室的区别。

美国人博伊德（Boyd）和埃里森（Ellison）强调指出，以下三个要素是社交媒体的特征：

（1）存在一个“虚拟空间”，用户能在此建构并展示自己的形象。这些形象必须有可及性，至少是部分形式的可及性，这个空间的所有用户都可以访问；

（2）你可以整理其他（网络）用户的名录，可以联系和交流；

---

① 见 www.audiweb.it。

（3）你可以分析自己网络的特征，比如已经传输的讯息或与其他用户的联系（Boyd and Ellison, 2007）。

但即使这样的界定也不能立即阐明社交网络的心理影响。因此，我最近将其定义为数字平台，它容许用户管理自己的社交网络（组织、延伸、探索和比较）和社交身份（描写和定义）（Riva, 2016a）。这个定义介绍了“社交网络”（social network）和“社交身份”（social identity）两个心理概念，它们是主体和“社交网络”的桥梁，使我们能解释两者之间的关系及其对假新闻现象的重要性。

个人身份的建构就是独特而清晰的主体觉悟，这是不断适应物理环境和社会环境的结果（Mancini, 2010; Riva, 2016b）。更准确地说，我们的主体性有一个发展和整合的过程，既要从内心看自己（个人身份，即对我们身体和人格特征的认识），又要从外界看自己（社会身份，即对我们作为社会网络中不同群体成员的认识）。

我们可以把“社会网络”定义为与我们有任何社会关系的一群人：家人、公司同事、同学等。因此，社会网络的特征不是关系的类型，而是关系的存在。关系类区分的是自己网络里存在的不同社会群体。比如，构成社会网络成员的特征是同一处所工作的事实，而不是同事本身。

相反，我们给“社会身份”下这样的定义：对主体在社会群体里不同“地位”特征的意识，这些社会群体构成个人的社会网络（Davies and Harré, 1990）。比如，我给学生授课时拥有大学老师的“地位”；我与妻子女儿外出吃饭时，我在家庭这个社会群体的“地位”是“丈夫”和“父亲”。

个人在社会群体里地位的意识有三个特征。第一，语义特征是我们自己的特征，这些特征确定群体成员具体地位的身份。比如，我娶妻子时是“丈夫”而不是“男朋友”。第二，行为 / 规范特征界定主体自认为具体地位的特征。比如，如果我是“学生”，我就必须去上课，或我想这样确认自己的身份；如果我想当“丈夫”，我就必须结婚。第三，基于价值的特征生成个人身份地位的情感投入，生成围绕那种归属而组织起来的价值系统。比如，作为“国际米兰球迷”，我准备支持我的球队，把“米兰队球迷”视为对手（Harré, 2000; Riva, 2016a）。

结果是多种附属关系（地位）的等级系统，主体对这个等级系统的认同取决于其个人所处的情景，取决于个人的行为和选择。比如，我授课时是“大学老师”，妻子的电话告诉我女儿不舒服叫我带她去看病，我就是“父亲”。

社会网络生成前，我们日常生活的社会网络和数字世界的社交网络显然是不同的。社会网络生成后，这一区分不复存在，一个新的社会空间出现，物理世界和数字世界直接相连，无论我们想不想要它。

我尝试说得再清楚一点，20 世纪 90 年代初互联网走向大众时，人们常常比较“虚拟世界”和“真实世界”的差异，前者包括大众媒体和数字技术，后者包括真人和面对面关系。

比如，试想摁遥控器按钮换频道。我个人很多次这样做，常常很满意。通常，广告一开始就换频道，节目令人讨厌时、主持人令人不爽时也换台。

我换台时发生了什么事？这改变了我的“真实世界”：电视机上出现了一个不同的节目。我的动作对“真实世界”没有影响，但对媒体的“虚拟世界”有影响。房间里的人不知道我的动作。互联网世界也是这样的情况。我只需造一个“外号”去登录聊天室，想要什么身份就是什么身份。我离开聊天室后，聊天室仍然存在于互联网的“虚拟世界”里，而我则继续我在“真实世界”里的生活。

但如果我想把这两个世界并在一起的话，我是可以做到的。比如，我可以和聊天室邂逅的一位有趣的女孩子面对面约会。但如果我不想面对面约会，什么事情都不会发生。我在聊天室里的所作所为仍然保留在那里，我面对面交流时说的话只有我和会话者知道。

然而今天的情况已经巨变。

一方面，我们用社交媒体的行为一望而知，“朋友”或“粉丝”立即看到，社交网络立马掌握、搜集并研究我们的行为，并将其卖给广告商。

另一方面，我们在社交媒体上的一举一动直接把我们的主体性与网络其他成员的主体性联系起来，和媒体生成的内容联系起来。社会学家乔凡尼·波西亚·阿蒂耶里（Giovanni Boccia Artieri）做了这样的解释：“传播范式变了：我们不再仅仅是传播的‘客体’，还是传播的‘主体’。”（2013, p.37）

换言之，在脸书上看一段视频，看见朋友的照片点一个“喜欢”，这样的新闻不再是位于“虚拟世界”里的事件，不再是与我在“真实世界”里的所作所为无关。相反，我在数字世界里的行为直接影响物质世界，反之亦然，无论我是否喜欢。比如，社交网络里个人关系状态从“有男 / 女朋友”到“单身”的改变，不是影响我们个人与脸书关系的改变。相反，它对我们的日常生活也产生重大的影响：从一位伙伴刚发现我们这一变化时请我们解释，到几位朋友来信询问发生了什么事情。

如果在物质世界里我露面时脸色不好，也会发生同样的事情。我那样的照片在社交场合分享时，社交参与者会发表评论，不曾在真实世界里看见我脸色不好的网络成员甚至会提出批评。

最后的结果是一种混杂的社会空间——“交互现实”（interreality）——数字世界和物理世界混成的空间，把我们社交媒体里的一举一动都转化为社会比较和建构里或隐或显的过程（Riva, 2016a）。

这是一种全新的情况，传播界和认知社会科学界的研究者刚刚开始就其展开研究。在以后的几章里，我们将更清楚地看到，主要的后果是新数字社群的产生，这个社群叫“数字实践性社群”（聪明暴众），它能产生具有强制力的“社会事实”，对网络成员产生压力。假新闻转化为“社会事实”，具有了本章讨论的力量和影响。

第四节　本章小结

我们看到，假新闻的利用和历史一样悠久。但假新闻一词源于 19 世纪末的美国，用于描绘编造的故事，通常在政界，用来损害一个人或机构（Merriam–Webster, 2017）。此外，这个词在 20 世纪 20 年代末又冒出来，但在 2016 年美国大选后才真正流行开来，最终导致唐纳德·特朗普令人吃惊的胜选。

我们问自己的主要问题是：假新闻这个词仅仅是界定虚假信息过程的一种新方式吗？须知，“假信息”的误导长期以来总是存在于政治斗争里的。

我们看到，答案是：不仅仅是一种新方式。

我们开始尝试重建现代假新闻的历史，显示：它是非常规战争新形式的主要武器，在俄国努力恢复世界权威的过程中降生。它混合传播学理论和心理学理论，以求虚假信息一直追求的目标：刻意传播不准确或被扭曲的新闻或信息，以影响他人的行为和选择。

我们还看到，和过去相比，现代假新闻是全新的，是传播和社会工程的结果，在社交媒体产生的变化里兴起，这一变化是数字世界和物理世界的融合（交互现实）。

最后的结果令人惊诧：现代假新闻（以下简称假新闻）能影响主体和社会群体，其速度和卷入程度在虚假信息的历史上前所未有。最近有人证明（Vosoughi, Roy, and Aral, 2018），假新闻的传播速度比真新闻快 6 倍，70% 以上的假新闻可能在推特上被转发。

实际上，假新闻不仅改变主体对现实的感知——觉得假新闻就是现实，而且其影响甚巨，大到足以推动人自发地、以参与性的方式与他人分享假新闻。

在以下的篇幅里，我们努力更好地理解控制假新闻编造和分享的机制，分析“事实”概念以及社交媒体的传播所产生的社会变化和关系变化。

第二章

什么是事实：事实、社会事实和情景化社会事实

在以下的几节里，我们将分析“事实”这个概念，区分“事实”和“社会事实”。如果说事实是一望而知的事件，社会事实的证据则依靠社会网络的活动。社会事实对个人的强制力大于事实的强制力；社会事实又可以分为“制度性社会事实”和“情景化社会事实”。前者显然是制度生成的，给某事某物赋予它原本不拥有的特别地位。后者是特别的社会群体生成的，隐而不显。这个群体叫“实践性社群”。“情景化社会事实”使“实践性社群”的成员能达成一个共同的目标。在这样的语境下，假新闻利用的策略是把自己打扮成情景化社会事实。

第一节　社会事实与事实

什么是事实？根据《特雷卡尼词典》(*Treccani*)，事实是“拥有真实性和一致性的某事某物，与之相对的是不具体、难触知、不确定的事情”。

比如，此刻这句话以“比如”打头就是一个事实。它一望而知，因为你和我看一眼就可以确定这是事实。这就是为什么我们说它是“事实”。实际上，倘若有人说它不是以“比如”打头，而是用了一个介词“with”起首，你和我都会批驳他，说他看错了。正如亚里士多德所言，形而上学真正的意思是“是就说是，不是就说不是”(IV, 7, 1011 b)。

然而，波普尔解释说，事实并非永远真实。新证据可以证明迄今被视为正确的东西是错误的（1967）。这就是为什么我们可以把事实界定为“立即明显的事件”。

但证据起于何处？详细的回答需要很大的篇幅。有兴趣的读者可参考莫西里奥·费拉里斯（Maurizio Ferraris, 2017）论后真相（post-truth）的书，它详细探讨了哲学界在这个问题上的不同立场。

简单归纳就可以说，部分证据来自于对周围物理世界的直接观察（经验）：今天在下雨，因为我看窗外有雨，这就是事实。部分证据源自于社会网络里与他人的交流和对事物的观察（知识）。

考试在下周，因为老师已经告诉我，这就是事实。在此，证据兴起于和社会网络成员的交流。

同时，地球绕太阳运行，这就是事实，因为这是天文学书里写下的事实。在此，证据兴起于我们在社会网络里分享的人工制品（物质工具和文化工具）。

社会学和哲学将这些事件定义为“社会事实”：真相不取决于证据，而是取决于社会网络的活动，而我们是社会网络的一部分。涂尔干（Durkheim）指出：

> 社会事实含有外在于个人行为、思维和感知方式的成分，被赋予了强制力并借助强制力而强加于人。因此，社会事实不能与有机现象混为一谈，因为它们含有表征和行为；也不能与心理现象混为一谈，因为它们只存在于个体意识里，或通过个体意识表现出来。（1996, p.27）

换言之，社会事实是存在的。比如，要成为“丈夫”，你就必须结婚，其存在不是兴起于对物理世界的观察，而是源自于社会网络，主体是社会网络的成员。社会事实是一套社会规则（Searle, 2010），施加强制性影响；或通过主体社会身份的内化产生影响——我成为“丈夫”，因为我结婚了；或通过社会网络其他成员的社会控制，比如：如果你不娶她，我就不让你与我的女儿约会。

指引主体人做决定时，社会事实更重要，其强制力兴起于对物理世界的观察吗？塞尔（Searle）称之为“赤裸裸的事实”，因为它独立于社会网络而存在。社会心理学家早就知道答案了。

实际上，20 世纪 50 年代，社会学家所罗门 · 阿施（Solomon Asch）做了一场经典的社会顺从的实验研究。在那一群受试人里，只有一个人是局外人，其余所有人都是阿施的助手。在十二次试验中，所有人都观察一张纸上的一根线条，他们要指明，这条线与三条不同线条里的哪根线相当。经过五轮正确的回答后，那些助手按照安排一致给出错误的答案。那个被蒙在鼓里的可怜人被安排在最后回答问题，他会做什么呢？阿施的数据很有说服力：在五场试验中，那个可怜人在十二次尝试后只有一次给出了正确的答案。在没有安排助手的对照组里，受试者正确的答案占 95%。实际的结果是，80% 的参与者至少有一次屈服于群体压力，60% 的参与者至少屈服了两次。

第二节　社会事实的力量

社会事实的强制力来自何方？来自于群体里每个人感觉归属于群体的重要性。我们在第一章里看到，我们身份的基本部分——我们的社会身份——正是通过我们的一种知觉而产生的，即我们在我们所属的群体里占有不同的“位置”（Davies and Harré, 1990）。认识到那个位置时，我们又接受了它提供的机会和约束。如果我同意当“大学教授”，我就享受一份薪水，但我必须同意在 7 月份的几个礼拜天上午去主持考试，即使艳阳高照的暑热天使我倾向于到海滩消暑，我也得去主考。

不过，在大学教授这个例子中，主体人自觉地选择自己社会身份的荣誉和负担。驱动他顺从群体决定的有两个因素，桑斯坦（Sunstein, 2017）称之为“信息阶流”（informational cascade）和“声誉阶流”（reputational cascade）。

在信息阶流的情况下，主体人信任他人的选择，借以做出决定，不考虑自己的信息，不提出自己的意见。相反，在声誉阶流的情况下，主体人使人相信自己的意见有道理，却顺从群体的力量，以免失去群体对他的尊重。

几种研究证明，四种因素界定这些现象的强制力：（1）群体与主体社会身份的相关性，（2）论题对主体的重要性和相关性，（3）支持选择的群体的规模，（4）群体内的冲突缺失（Aronson, Wilson, and Akert, 2013; Davies and Harré, 1990; Mantovani, 2003; Petty and Cacioppo, 1986）。

我们已经看到第一种因素。主体体现一种社会身份时，他接受其机会和约束。社会身份越重要，其对主体的选择和行为的影响就越大。

第二种因素源于心理学家佩蒂和卡西欧普（Petty and Cacioppo, 1986）的研究。他们证明，选择可以遵循两种不同的渠道："中心"渠道和"边缘"渠道。在"中心式"选择过程中，主体经过仔细分析方才做出选择，这需要注意力、理解和内容评估。相反，在"边缘式"选择过程中，主体经过草草分析就做出决定，其分析基于间接的背景元素，比如信源的特征、讯息是否讨人喜欢或权威。推动主体走向一个路径或另一个路径有两种因素：论题与主体人的相关性，以及进行选择可用的时间。

再说第三种因素，确认社会事实证据的人越多，主体人承受的强制就越大。心理学家西奥迪尼（Cialdini, 2013）说到"社会责难"，尤其在证据最大化时，作为大群体的一员，主体人不再是能被人辨识的个体（去个体化 /deindividuation）。正如津巴多（Zimbardo, 2008）所示，去个体化出现时，路西法效应（Lucifer effect）就可能产生，就是说，去个体化的主体准备盲目追随社会事实的流向，即使这样的方向可能导致激进或极端的行为。最后，如果其他主体人——哪怕只有一个人——提出与群体相左的立场，社会事实的证据就会戏剧性地减少了。

这些研究显示有效假新闻建构的第一个元素：在尽可能多的主体人的支持下，把假新闻转化为社会事实。实际上，如果假新闻成为社会事实，那就可能产生三种后果。如果主体将假新闻内化，他 / 她就会真诚地支持其真实性。如果主体不将假新闻内化，却又害怕社会评判，他 / 她就会规避唱反调，唯恐产生反面的效果。第三种可能性是，只有不害怕社会评判的人，或感觉自己的批评得到了支持的人，才会去干预，并挑战假新闻的内容。

这些研究显示，与假新闻相关的另一个元素是通过公开质疑现存社会事实的内容，就有可能利用假新闻去损害既存的社会事实。我们在上一章里看到，苏联的联邦通信和信息部（FAPSI）高调凸显美国体制的矛盾，以瓦解美国的政治和道德权威（Ludes, 2016）。为此目的，这个信息部直接或间接地资助美国和欧洲一切有助于苏联人达成这一目标的团体（Foster and Holehouse, 2016）。

第三节　赛博恶棍：假社交资料

鉴于“社会认同”是社会网络成员的关键要素，俄国那家互联网研究公司制造假新闻的策略正是造就大批的假社交用户，使之喜欢、分享并支持假新闻（Earle, 2017; Shane, 2017; Zakharov and Rusyayeva, 2017）。自2001 年以来，美国政府也干了相同的事情，要外包公司制造并监控假社交媒体账号以达成自己的政治目的（Earle, 2017）。

对假新闻变成社会事实而言，假社交媒体账号的重要性极其之大，有观察家已将其称为网军（cyber troops），因为它们的干预能决定冲突和选举结果。网军战士分两种：“喷子”（trolls）和“机器人”（bots）。

我们在上一章看到，互联网世界里的“喷子”用来指进攻性的用户，他们干扰社交网络和聊天室，用挑衅和极端的评语造成冲突和分裂。网军里的“喷子”也为了同样的目标，但行动的方式精明得多，目的是引起朋友和粉丝的兴趣和模仿。最著名的例子之一是安娜 · 艾布拉姆斯（Jenna

Abrams）。这是俄罗斯那家互联网研究公司的产品，其任务是假扮一个成功的美国女孩（Collins and Cox, 2017）。有几个月她仅限于评论和探讨美国生活里的事情，聪明、嘲讽，吸引了许多读者的兴趣，其推特上的粉丝多达 7 万人。比如，她批评金・卡戴珊（Kim Kardashian）线上行为的一个帖子被成千上万人分享，一家青少年网络杂志甚至转发了这篇文章。

然而，几个月以后，除了评论生活方式的帖子外，她逐渐加上了富有争议的帖子，论题包括移民、奴役，最后竟公开站在特朗普一边。

第二类假新闻网军是机器人及其演化产品"聊天机器人"。

"网络机器人"的经典定义是：在互联网上完成自动任务的程序，模仿人的行为。执行假新闻任务时，其行为主要是分享文本。因此，"网络机器人"是一个简单的计算机程序，与一个用户资料相联系，能在其他用户帖子的指令下分享文本。美国国会参议院外交关系委员会关于美国大选的一份文件披露（Corker et al., 2018），36000 多个与俄罗斯政府网络机器人直接有关的网络机器人已被确认。这一机器人很容易在暗网上买到，价格在 100 美元到 500 美元之间，与经过验证的推特账号联系（常与一个真实的电话号码联系），分享了 150 万假新闻故事。此外，根据该委员会的马克・华纳（Mark Warner）参议员所述，大约 5000 万推特账号（15%）是假账号或自动账号。

当"网络机器人"的工作是模仿与真人用户的会话时，它就叫作"聊天机器人"。"聊天机器人"比一般的"网络机器人"更先进，因为其核心既是一种自然语言识别系统，又是一个人工智能系统，它能理解说话的意思，并做出恰当的回应。

我们在上一章看到，俄罗斯政府制造了爱丽丝（Alice），这是对美国"聊天机器人"Siri 的回应，即可以回答任何类型问题的语音"聊天机器人"。《电讯报》（*Telegraph*）最近证实，Alice 被用作虚假信息工具，它提供的有关俄罗斯历史的解答符合政府的愿景。这个人工智能的 Alice 与虚假的社交账号配对，与其他用户交流，并把假新闻变成共享的社会事实。

“聊天机器人”工作效果很好，它们被广泛用于专业领域，其功效可见一斑。《福布斯》杂志近日指出，越来越多的公司用“聊天机器人”取代销售和客服部门的呼叫中心（Newlands, 2017）。比如在意大利，共和（Repubblica）、恩内尔（Enel）、福克斯新闻（Fox News）等公司就在脸书的信使平台上用上了聊天机器人。

第四节　制度性社会事实和情景化社会事实

在以上几节里我们看到，现代假新闻的特征就是用尽可能多的网络主体人来改变社会事实。但社会事实是如何兴起的呢？第一种社会事实是情景性社会事实（situational facts），比如金钱或婚姻；这种事实明显是制度生成的，通过集体意向，赋予某物某人特定的状况（分配其原本不具备的功能）（Searle, 1996, 2010）。塞尔解释说：“集体意向给某一现象赋予新的状况，这一新状况有一个伴生的功能；靠现象固有的物理特征，这一功能是不能得到的。”（1996, p.56）换言之，通过集体做决定，网络赋予某物某人不曾有过的地位。

举例来说，如果我想在意大利当心理学家，我就必须要参加一种国家级考试，两位大学教授和三位注册的心理学家将评判我在三场笔试和一场口试里表现出来的能力。在这里，“国家级心理学考试”是制度行为，因为它依靠网络——5 位考官，他们是执业心理学家的社会网络代表，通过考试，他们赋予考生以前不曾有的心理学家的地位。

和制度性事实（institutional facts）并行的第二种社会事实叫“情景化事实”（situated fact）。这是温格和莱夫（Wenger and Lave）确定的类型，用于人类学和社会学。这种事实的真实性通过网络成员共享的“共同基础”

和共享的知识来确定，隐而不显（Lave and Wenger, 2006; Wenger, 2006）。

为更好阐明“制度性事实”和“情景化事实”（situated fact）的区别，让我们举例来说明。大学生必须几门考试合格才能毕业，这是制度性事实。至于某一门课如何应试和通过，则要依据包括学生、授课老师及其助手的网络来确定。实际上，学生备考的行为（师生互动的内容和形式、对所用工具的选择、对信息的索求等）并不是预定步骤的逐步展开，更准确地说，那是对总体目标（及格）和组织数据做出选择的能力进行比较之后的结果（Zucchermaglio, 2000; Zucchermaglio and Alby, 2005）。这个比较的过程包括自己的技能（对题材的了解、与同学和老师的关系），以及对考试惯例和老师的了解（申请考试的过程、老师是否愿意进行预申请、对最好最差助教的了解），所有这些都可以转化为进行选择的因素，比如：“如果是最差的助教召唤我，我想推迟到下一次点名时才到场”。

安德烈是最差助教、斯特凡诺是最佳助教，这是情境化事实，是网络比较和协商过程生成的结果：安德烈最差是因为在过去的六次请求程序里，他接受的学生从来就不超过 28 人；而且，他让一半的学生不及格。所以和制度性事实相比，学生给予安德烈最差助教的地位，这不是来自于学生给予他不同地位的集体意向，而是来自于学生考试要及格的意向，考试及格的意向确认的规则是更符合目标功能的规则。然而，这样的情况不会发生在所有网络中，只会发生在一些网络中：在“实践性社群”（communities of practice）里。这种社群的目标是生成有组织和品质的知识，目的是达成共同的目标（Wenger, 2006）。

第五节　实践性社群

惯常的做法是习惯性行事方式，也就是所谓的习惯，由经验养成；每当我们身处熟悉的情况时，这种习惯都引导我们这样直觉而无意识地行事。比如，第一次去新工作地方时，我不得不用推理计划最短的路线，有了经验，我可以靠完全自动的方式找到这条近路。

认知心理学告诉我们，通过行动和解释过程，每个人往往都以自动的方式形成习惯，它们将指引我们在环境中探测和实施自己的意向。心理学家莱夫和温格指出，通过共同经验，群体成员分享自己的文化、语言和表达方式，他们可以被定义为“实践性社群”（Lave and Wenger, 2006; Wenger, 2006）。

在这些共享的惯习里，社群的每个成员学习不同情况下应做的事情（Mardegan, Riva, and Scatena, 2016）：实践性的共同知识从文化上调解成员的行为，以便相互补益，至少在一定限度内做出可预见的、可积性的（integrable）、可理解的贡献。

三个基本特征使社会网络成为实践性社群：相互的承诺，共同的经验，共享的解释资源（Wenger, 2006; Wenger, McDermott, and Snyder, 2007）。这三个因素生成共同的基础、分享的信念、目标和知识，是隐形的、叙事的和情景化的学习过程的结果，目的是要成为群体的一员，并以成员身份行事。更准确地说，这种学习的特征是两个过程，它们发挥互补和融合的功能：

（1）参与：积极介入并认同归属的社会网络；

（2）物化：共同基础的结晶，表现为明确的规范和人造物，新意义的重新协商和未来行动的协调围绕这些规范和人造物展开。

在我们的例子里，我们考虑的人造物可以是教授及其助教在考试里拟定的问题清单，以及学生得到的分数。

最后，这个集体遗产不断由师生的社会网络更新，所用过程是有意识分享知识（基础），分享知识又参考未来主体人的共同目标。比如，有些学生注意到，在过去的几场考试里，斯特凡诺打分比安德烈低得多，社会网络会适应新情况里的社会事实，不会有问题：斯特凡诺是最差助教，安德烈则不是。

这一例子说明，情景化社会事实和制度性社会事实有重大差异，这一差异和不同的强制力有关系：情景化社会事实对网络成员的强制力有限，其目的是达成共同目标；制度性社会事实对网络成员有强制力，和主体人的目标无关。

事实上，制度性社会事实有一个任务：让社会网络调节并永保其存在——“心理学国家统考”这一制度性社会事实规制了执业心理学家，使其合法存在。相反，情景化社会事实只有一个任务：让一个社区为所有群体成员达成一个共同的目标。

实际上，制度性社会事实和情景化社会事实的差异，类似社会制度和社会运动的差异。社会运动的特征是有一个共同的目标——常常由共享的阈限（liminality）和“为他者而存在”（being for）生成的目标，那是社会网络谋求通过合作达成的目标（Alberoni, 1977; Riva, Milani, and Gaggioli, 2010）。相反，制度的目标是保存和执行社会和法律的规范或者活动，而这些规范与活动是网络前已界定的。因此，社会运动的要旨是“一人值一票”（one is worth one），就是说，达成目标的意志比社会网络的结构与存活更重要。相反，在制度里有一些主体人的地位比较高，他们了解或忠诚于自己想要维护和执行的规范与活动，他们的地位是正当的。

回头看假新闻。我们说，假新闻的特征是试图摇身一变成为社会事实。我们说的是什么社会事实呢？把假新闻改变为制度性社会事实是可能的——我们已经看到这样的改变，例子有雅利安种族的优越性，纳粹将其强加于人，并使之成为社会事实，不过，这样的改变非常复杂，只会发生在专制国家或威权主义国家。实际上，它需要社会网络机构的明显支持。在德国，把雅利安种族的优越性变成社会事实是宣传部的制度性任务，宣传部由戈培尔（Paul Joseph Goebbels）执掌。这样的改变还需要这些机构有能力控制媒体和消灭任何异见的源头。

假新闻所用的策略则与之不同：把自己打扮成情景化社会事实。在线下世界里，这样的策略绝无可能。首先，必须要在数以百万计的群体里确定有实践性社群特征的群体。其次，必须要在这些确定的群体里安插数以千计的代理人。在这一点上，代理人要了解网络成员的心理，要了解他们达成群体目标的动机。最后，利用这一搜集来的信息，代理人应能把自己置入网络的互动中，能把假新闻打扮成情景化社会事实推出来，将其置于和社群目标直接相关的地位，并使之与社群成员的心理一致。

然而，社交媒体的降生和扩散使数字世界里实施这一策略成为可能，不过长期以来只有极少数人理解这一点：除了那家俄国互联网研究公司，一些传播公司也懂这一点。英国的战略通信研究室（SCL /Strategic Communication Laboratories）集团的美国分公司即为一例。这个分公司的创建人之一是唐纳德·特朗普竞选办公室的主管史蒂夫·班农（Steve Bannon）（Lapowsky, 2017b）。

我们在下一章将更清楚地看到，剑桥分析公司在特朗普的竞选中扮演了核心的角色，以至于在特朗普胜选日，41 岁的剑桥分析公司主管向全世界的新闻社发出一份新闻稿，称："我们感到振奋，在候任总统特朗普令人惊叹的胜选中，我们由数据驱动的传播革命路径发挥了重要的作用。"（Grassegger and Krogerus, 2017a）

与此相似，意大利 Webegg 和 Casaleggio Associati 这两家公司在"五星运动"（Five Star Movement）的降生和成长中扮演了核心的角色。

第六节 本章小结

什么是事实？我们在本章看到有两大类："事实"和"社会事实"。事实是一望而知的事件，社会事实却是依靠社会网络活动的证据。

指引主体人做决定时，哪一种事实更重要，“事实”抑或“社会事实”？社会心理学家早就知道这个答案：社会事实。它们被赋予说服力，绝非偶然，说服力源于每个人的群体归属感的重要性。这种强制力和四种因素相联系：群体与主体社会身份的相关性，论题对主体的重要性和相关性，支持一项选择的群体的规模，群体内的冲突缺失。

社会事实也可以分为“制度性社会事实”和“和情景化社会事实”，前者显然由制度生成，赋予某物某人不曾有过的地位。后者是特别的社会群体生成的，隐而不显。这个社群叫实践性社群。情景化社会事实使这个社群能达成共同的目标。

什么使社会网络变成实践性社群？三个基本特征使然：相互的承诺、共同的事业、共享的解释资源。这三大因素生成情景化社会事实，将其视为一套共同的信念、目标和知识，这是隐蔽、叙事和情景化学习的结果，旨在成为奔向共同目标的社群成员以成员的身份行事。

在这样的语境下，假新闻采用的策略就是把自己打扮成情景化社会事实。在线下世界里，这一点进路绝对行不通。然而，社交媒体的出现与传播使这种策略在数字世界里的实施成为可能。不过长期以来，很少有人理解这个新情况。尤其是“网军”的使用促成了这一策略，我们在“网军”里发现“喷子”“机器人”和“聊天机器人”。“喷子”是社交媒体用户，其目标是在社交媒体和聊天里制造冲突和分裂；“机器人”和“聊天机器人”则是虚假的用户资料（social profiles），这些用户资料由人工智能程序控制，其任务是在假新闻上分享（“机器人”承担）或评论（“聊天机器”人负责）。

第三章

共享经济、网红和假新闻

我们将看到，社交媒体改变实践性社群，将其变成聪明的暴民（smart mob）。聪明的暴民有两个特征，均不见于线下的实践性社群里：（1）规模大，群体的大小数以百万计，（2）去中介化（disintermediation），生成有很大强制力的情景化社会事实，以至于挑战制度性社会事实，两者都是社会网络的组成部分。这两种特征使共享经济（sharing economy）和网红（social influencer）登场，同时又使假新闻的传播成为可能。

第一节　聪明的暴民：数字实践性社群

实践性社群一直是存在的：想要打赢一场足球锦标赛的一群朋友，一道备考的一群学生等都是实践性社群。如我们在上一章所述，社会网络向实践性社群的转变是最重要的因素。

除了上一章所述之外，把社会网络变成实践性社群的还有三个因素（Wenger, 2006; Wenger, McDermott and Snyder, 2007）：相互的承诺——每周四晚上聚在一起训练，周日上午比赛；共同的任务——赢得足球锦标赛；共享的解释资源——为了打赢，我们必须要派最强大阵容出战，总要比其他球队多胜一球。

然而，社会网络和“交互现实”——数字世界与物理世界的融合——急剧地改变了数字实践性社群。物理实践性社群的主要局限有两种：（1）不能太大，在没有制度化的情况下就难以管理，就是说，其内部结构使有些人的地位高于其他人；（2）物理实践性社群对包含它们的社会网络影响有限。即使打赢了足球锦标赛，也不会改变我的社会和职业地位，除非某位星探注意到我，邀请我成为职业足球手。但那种情况并不多见。

社交媒体能克服这些局限，使数以百万计的人为共同事业合作，其生成的重要契约不限于社交网络内，而是会溢出网络。

第一位意识到这种可能性的研究者是虚拟社区（virtual community）学者霍华德·莱因戈尔德（Howard Rheingold, 2003）。他新造了一个词“聪明暴民”来解释这种可能性。利用数字媒体以更好更快达成共同事业的正是实践性社群。莱因戈尔德这本书反映了 20 年前的技术情况：1999 年世界贸易组织会议期间，西雅图反全球化的抗议者（No-Global protesters）用手机、笔记本和掌上电脑通过短信和聊天室组织起来。2000 年，数百个自发的英国公民团体抗议油价上涨，他们用手机、短信、笔记本电子邮件和出租车里的民用无线电通信来协调行动，阻断加油泵。莱因戈尔德彼时的思考仍然有效：数字技术“使人用新的方式集体行动，那样的行动场景以前是绝无可能的”（2003, p.14）。不仅如此，聪明暴民里出现了一种新情况：网络生成的“社会资本”（social capital）利益，大大超过群体参与者个人需要付出的成本。

在社会科学里，“社会资本”指的是个人参与群体经验所获得的附加值。这种新价值的生成靠的是社会生活的心理（社区意识与赋权感）、关系（社会支持与参与）和结构（共享规范与价值）要素（Vieno and Santinello, 2006）。莱因戈尔德告诉我们，实践性社群足够大时——唯有使用数字媒体的聪明暴民才能组织足够大的实践性社群——个人参与社群经验的总成本比较少，共同活动产生的社会资本增加得比较多。

这一论断是里德定律（Reed’s law）得出的结果，里德定律是“网络科学”特有的定律之一。这个术语指一门新学科，其目标是理解社会聚集的特性，及其影响局势的方式（Barabasi, 2004; Buchanan, 2003; Christakis and Fowler, 2009）。这一研究路径的特征是开发“网络”和“连接”之类的工具，使我们能用数学图形表示社会关系的复杂结构。

莱因戈尔德做了这样的小结：

> 里德定律是计算机网络与社会网络的连接。里德用这一定律去分析不同类型的网络，认为自己发现了一种重要的文化经济变革。网络肩负有传播价值的目的时，服务的价值是线性的，电视网可为一例。当网络容许个体节点互动时，价值会翻倍增加。当同一网络包含个人组团的可能性时，价值呈几何级数增长。（2003, pp.106–107）

第二节　共享经济

率先实现共享经济这一增值潜力的玩家有优步和爱彼迎。什么是共享经济呢？

欧洲委员会最近的一份报告给共享经济所下的定义是："靠协作平台促进活动的一套商务模式（business models），创造临时使用货物或服务的开放市场，商品或服务常常是个人提供的。"[①]

实际上我们发现，经济学家阿里奥·阿吉奥尼（Mario Maggioni）最近一本书提出的定义更清楚："共享经济是一种社会经济形式，而且其价值源于未被充分利用的资源，使线上社群能利用，使个体占有这些资源的需求减少。"（2017, p.20）

由此生成的价值是巨大的：我们说说优步和爱彼迎，它们今天的市值分别是 700 亿美元和 300 亿美元。为了理解这两个数字的价值，容我作一比较：赫兹（Hertz）和安飞士（Avis）公司只租赁自家的汽车，不出租他人的汽车，其市值分别是不足 20 亿美元和 25 亿美元；希尔顿只租赁自己

① 《合作经济欧洲议程》, COM(2016) 356。

在 80 个国家的饭店里的房间，其市值是 280 亿美元。

然而，共享经济产生的价值不仅仅影响为协作平台提供了共享的资源拥有者。事实上，和我们论题相关的另一个不那么显形却是核心的变化是，聪明暴民有可能利用交互现实——数字世界与物理世界的融合（Riva, 2016a, 2016b）——以生成线下世界里的情景化社会事实。

获取个人在群体里的地位是一个社会过程，是个人和群体里其他成员互动和协商的结果。

鉴于不同地位分配的重要性，因为地位带来的利益，所以通过一系列的网络，在许多群体中创建了机构——学校系统、司法系统、专业社团和等级制，于是，教授、法官、专业人士就肩负了把关和分配地位的任务。

在前面看到的例子里，心理学家协会就是那样的机构：通过一个正规的程序即国家级考试，它规范心理学家地位的分配，将其授予心理学毕业生。或者说另一个例子，米兰市负责签发执照，通过竞争赋予“米兰市出租车司机”的地位，允许他们拥有自己的汽车。

获得执业的地位以后，心理学家和出租车司机能在机构规定的地域范围内提供服务。由于这一执照，米兰市的出租车司机能在收费的情况下把我们从城里的此地载到彼地。

实际上，我们许多人遇到过这样的情况，车上有空位，载一位朋友或熟人去某地。这位朋友常常付汽油费或路桥费。我们是否就成了出租车司机呢？显然没有。我们的汽车有空位，我们和朋友去同一个地方，我们只不过请他上车。他感谢我们，支付了汽油费。

然而，这位朋友不是物理空间社会网络里的朋友，而是数字实践性社群里的朋友，而该社群的目的又是连接想要乘车的人和提供服务的人，于是情况就变了。显然，情景是同样的：那位朋友要搭车，我在路上，而他要分担费用。但变化的是这种情况发生的概率。在我个人的物理社会网络中，这样的事情可能一年有几次。另一种情况相反，如果数字实践性社群规模很大，当随时都可能找到车、都有人提供服务时，我们逐渐忘记有出租车司机存在。那个实践性社群使我们能在那个网络里直接找到提供服务的汽车，以前使我们能得到专营服务的“出租车”制度就被“去中介化”了。

经济学家阿里奥·阿吉奥尼（Mario Maggion, 2017）指出，社会网络里有许多利用不足的资源。数字实践性社群足够大时，就能利用这些资源，生成选择性经济价值（elective economic value），优步和爱彼迎学会了收获这样的价值。实际上，由于交互现实的出现，数字社会网络能把一种非正式经济的典型活动转化为其本身的经济活动。

第三节　社会身份和地位的变化

然而，这种经济活动的转化过程还有其他一些影响。和我们这里的探讨相关性最大的是这样一种可能性：这种经济活动所生成的地位差异与制度所赋予的地位差异有所不同。

一般地说，每一个实践性社群赋予每个成员一个实用性、非正式的“地位”，比如司机或游客，因为他们用社群网络来达成一个具体的目标。

这一“地位”的获得，最终使人整合进主体人的社会身份，这个过程总是一个共享的过程；这是我们与社群其他成员互动的结果。通过互动，我们根据共同的目标达成自己的身份并商定自己的行为。比如，朱塞佩的幼女阿丽亚娜常与小朋友一道玩烹饪游戏。

商定谁当厨师、谁摆餐具、谁等着吃饭后，她们立刻变身厨师、服务员和顾客。于是，如果我的行为举止在社群里像厨师，这群小朋友根据玩一个下午的共同目标，解释我的厨师身份，我就成了厨师。同样的道理适用于另一种情况：如果我像出租车司机，我所在的实践性社群就根据我们的共同目标解释我的出租车司机身份。

显然，这一“地位”只在我所在的社群内有价值：在玩耍的整个过程中，阿丽亚娜是厨师，一旦她进入爸爸妈妈所在的厨房，她就不再是厨师了。

物理社会网络里受时空局限，其间不会有身份问题。如果阿丽亚娜和两个小朋友玩谁当厨师的游戏，他们两人也同意，那对谁来说都不存在身份问题。但如果在数字社会网里，实践性社群不再是数十人的规模，而是有数百万人。如果阿丽亚娜能使这么多人相信她是厨师，那就够了：就所有的意图和目的而言，她成为了一个厨师。而且这还不需要通过获取执照或正式的授权，换言之，如果她只是被网络里的其他人视为厨师或出租车司机，那就是一个情景化的事实，是网络成员分享共同基础和共同目标的结果。

在此，关键的问题是：声称优步司机是出租车司机、阿丽亚娜是厨师，这是不是假新闻呢？正确的答案是：那要看情况。对社群成员而言，不是假新闻；对社群外的人而言，那是假新闻。

问题不止于此。网络共同的目标——连接需要乘车的人和提供服务的人，情景化社会事实的真实性是必备条件：如果他不是司机，我就搭不上车。此外，质疑情景化社会事实就产生了质疑社会身份和“社会资本”的问题，社会身份和“社会资本”是社群成员的心理、关系和结构特征生成的：如果唯有出租车司机能载客，这个实践性社群就不会存在，我就不能再让我的朋友搭车。因此，除了不质疑被认定的社会事实的真实性，这个实践性社群会竭尽全力反对质疑其真实性的人，反对质疑其社会身份的人。

在此，我再举一个例子，帮助我们理解假新闻的编造过程。首先，我确认了一个实践性社群，及一个有一套相似知识和价值以及共同目标连接的网络。然后，我以这样的方式编造假新闻：它描绘的社会事实和共同目标的达成与否有直接的关系。比如我说，由于其行为，蒂齐奥（Tizio）和他那帮人挑战了我们社群的价值或共同目标，而这些价值和目标是我们联系在一起的纽带，界定着我们的社会身份。如果我成功了，社群就会支持或谴责蒂齐奥，或说他值得信赖，或说他制造假新闻。

这也许能解释上一章介绍索鲁什·沃苏吉令人吃惊的研究成果：假新闻在推特上的传播速度比真新闻快6倍，因为它对网络成员的社会事实构成了更大的挑战。这和假新闻在主体人身上产生的不同反应也是一致的（Vosoughi, Roy, and Aral, 2018）：如果说真实的故事引起期待、悲伤、快乐和信赖，假新闻则激起恐惧、厌恶和惊讶。

记住这一点，另一种现象也可以理解了：沃苏吉证明，生长最快的假新闻故事是有关政治的故事，与之相对的是有关恐怖主义、自然灾害、科学、城市传奇或金融信息的故事；政治假新闻通常与网络的共同目标有更大的联系。

第四节　从去中介化到后真相

理解聪明暴民力量源头的关键词是“去中介化”（Belloni, 2017; Stringa, 2017）。什么是去中介化呢？这是一个过程，在此期间，两个以上用户之间的中介结构（通常称为中介体或过滤器）在传播和服务的过程中被消除掉了。去车站前，我通过“米兰市”这个机构及其代表“米兰市出租车”的中介，确保我得到出租车服务。但通过聪明暴民比如优步网络，我转向该网络的另一个主体人，直接得到同样的服务。

类似的现象可见于社会生活的其他许多方面，如记者被博主取代，政界人士通过推特直接与市民交流，等等（Fabiano and Gorgoni, 2017）。比如在政界，朱利奥·迪·洛伦佐（Giulio Di Lorenzo）清楚解释道：“记者沦为粉丝，政治议程设置不由他们拟定，他们被迫追随主流，不得不努力解码其中的讯息。”（2014）

这样的效应对社会生活产生什么影响呢？首先是忽略制度保证的地位差异。米兰出租车司机把乘客从市里的此地送到彼地，获得收入；数字社会网络的司机把网络成员从市里的此地送到彼地，获得收入。什么东西造成两者的地位差异呢？如果数字社会网络足够大，网约车司机的服务活动并非偶尔才有机会，他的地位并不差。相反，米兰出租车司机不得不支付数万欧元去得到执照，而网约车司机只需加入，并不付费，两者的地位就有差异了。这就是为什么的士司机对优步公司非常气愤，甚至用抗议的极端行动，我们在意大利和外国城市都看到这样的情况。

第二种影响与第一种影响密切相关。如果制度引起的地位差异被消除，制度对地位归因就不再起核心作用。如果制度不再配置地位，谁来配置地位呢？答案简单：直接由网络来配置。网络用两种方式完成配置。如果这个数字社会网络足够大，只需通过它自己来完成；或者另一种方式，通过它与物理社会网络的联系来完成。

一般地说，主体在社会网络里的地位依靠几个因素：群体的历史、主体的行为、主体与其他成员的关系等。通常，这一地位的界定由以下因素来完成：群体组织初期的叙事和社会互动，或主体加入群体时的叙事和社会互动。地位界定之后，不会轻易改变。

我们假定，在足球锦标赛决赛时，我两次罚点球，第二个点球决定胜负。两次罚点球我都射偏了，第一次打在门柱上，第二次直接射在门外。这些事件和随后队里的议论以及公司里其他人的讲述，足以把我归为踢点球很差劲的球员。改变这样的地位不容易。事实上，即使我在此期间严格要求自己，表现完美，我还是不得不证明自己，不仅向老队员表达这一信息，还要向公司里听到我故事的所有人传播这一信息。

然而，通过社交媒体，个人就可以挑选如何向社交网络里的人讲自己的故事了（印象管理），这样实施的策略行为意在改善自己的地位（Riva, 2016a）。我可以上网分享我参与尤文图斯夏令营的表现，做一个视频显示我在训练结尾时的球技。此外我还可以请营地教练在视频上发表评论，报告我表现的质量。

夏令营结束时，我的联络人可能还是认为，我踢点球很差。因为有亲历的负面印象，队友起初会怀疑我的变化，但大多数网络成员会质疑他们的意见，这将促成他们改变对我看法。

通常，这个过程对我所在的社会网络之外的影响是有限的。我们看到，即使我把点球踢飞，而我们的球队锦标赛夺冠，那也未必会改变我的社会地位和职业地位。

然而，如果我的社交网络足够大，如果我能让足够大的物理社会网络相信我的变化，情况就会为之一变。以下这个例子有助于说明这样的变化。

2014 年 3 月，“五星运动”的一帮聪明暴民判定，菲利普·诺迦林（Filippo Nogarin）是里窝那市理想的市长人选。诺迦林，46 岁，身为医生和航空工程师，在履历里自述，曾在几家公司任顾问。他是否拥有必要的能力当里窝那市市长呢？须知，这一角色肯定是复杂的，需要管理和组织技能。“五星运动”的 61 位选举人投赞成票。如果“五星运动”选民组成聪明暴民能说服线下的里窝那市民投票选他，诺迦林就会成为市长。选举过后，有人能批评他的技能或能力，但谁也不能质疑他的地位了。他就是里窝那市市长，因为社会网络里的大多数人包括里窝那市的选民已做出决定。在这里，使他成为市长的不是他的“客观”技能，而是选举他的 36000 个市民。如果没有这么多选民站在他一边，他是不会当选市长的（Riva, 2017）。

首先注意到这一点的正是共享经济的主角优步或爱彼迎。如果我想要当“的士司机”或“旅馆经理”，网络里的一群人同意我的身份，无论出于什么目的或意图，我都成了他们的司机和旅店老板（Riva, 2017）。阿丽亚娜成了厨师，仅仅是因为她的动作像厨师，而朋友们也这样看待她；同理，我想当优步的网约车司机，我的行为像司机，网上的其他用户正在寻找人把他们从此地载到彼地，他们就会认为我是司机。

对许多人而言，这样的事难以接受和理解：写博客冒充时装专家真能使我们变成时装专家，油管（YouTube）上闹着玩的电子游戏解说可能使我成为名流。但有了去中介化以后，不再有任何机构去确认是否存在一套最低限度的进入门槛。即使我不会写作，但如果我写的东西不知为什么受读者喜欢，我仍然可以成为作家或博主。即使我对政治一窍不通，但我选区里的人认可我竞选胜出，我仍然可以当市长或国会议员。

这就意味着，创建一个数字社交网络成了今天社会流动的最快速系统，比任何其他现有的工具都更加有效。正如里瓦在《自拍》（*Selfie*）一书里详细阐述的那样（Riva, 2016b），如果我能组建一个大型的社交网络，这个网络又愿意给我地位——油管人、博主、市长，于是，无论其他因素（包括能力）如何，我都得到相应的地位。

后真相概念（Ferraris, 2017; Riva, 2017）指的正是社交网络这种新特征。特雷卡尼百科全书解释说，后真相是一种“争辩的观点，特点是强烈的情感诉求，建基于广泛的信念，而不是被确认的、倾向于被当作真相接受的事实，却影响着公共舆论”。

由于交互现实，不仅是线下网络，社交网络也可以生成社会事实。这些社会事实——情景化的社会事实——将自己打扮成真的事实强加于个人，即使面对相反的客观证据时，它们也带有强制性。正如《经济学人》（*Economist*）报告，这种新可能性用得最多的领域是政治：

> 许多迹象表明，在美国和其他地方，有这样一个政治变化趋势：感情更随意地碾压事实，其所遭遇的阻力比平时小。借助新技术和泛滥的事实，在公众对信任的追求远不如从前的情况下，有些政客正在挖掘新的撒谎深度和广度。如果这一趋势继续下去，真理作为解决社会问题工具的力量可能会被大大削弱。[①]

① 《后真相世界，我会对你撒谎》，见《经济学人》，https://www.economist.com/news/ briefing/ 21706498-dishonesty-politics-nothing-new-mannerwhich-some-politicians-now-lie-and，访问日期：2016 年 9 月 10 日。

第五节　网红的诞生

数字社交网络的形成赋予人一定的地位，在这个过程中，近年来诞生了社交世界的原型人物之一，那就是网红。

谁是网红？津加内力（Zingarelli）词典 2018 年收录“网红”一词，其释义为“社交媒体上的红人，能影响公共舆论若干领域的选择”。有些人物总是受欢迎，比如足球球星、政界人士或演员，他们受欢迎的原因与其网上的存在并没有直接关系。但网红的走红却是由于他们能建构一个吸引人数字网络，让认可自己的人团结在自己周围。

对年过三四十岁的人而言，网红世界全然是未知世界。实际上，在这种现象的背后隐藏着一门真正的生意经，从经济学的观点看，就在几年前，对人们最渴望的职业比如工程师、医师和律师而言，网红并没有任何令人羡慕的地方。对于不熟悉意大利网红世界的人，理解它的起点是（Audisocial）网站[①]，它发布并说明网红前100名榜单，用的是一系列参数：粉丝人数、互动频次、内容生成量等。

除了最顶级的名字比如吉安卢卡・瓦奇 (Gianluca Vacchi) 和琪亚拉・法拉格尼 (Chiara Ferragni) 外，大多数网红在他们的网络圈子外实际上不为人知。比如，在写作本书时，油管上的大网红是洛伦佐・奥斯图尼 / 法维伊（Lorenzo Ostuni/Favij），脸书上的网红却是一款菜式 Fatto in casa da Benedetta。在排行榜顶端，照片墙（Instagram）上超过 100 万粉丝的网红有萨尔瓦托 / 超现实力（Salvatore/SurrealPower）、莱昂纳多・德卡利

---

① 见 http://www.audisocial.it。

（Leonardo De Carli），对许多读者而言，他们全然是陌生人。

情况正是这样的。基亚拉·塞维尔尼尼（Chiara Severgnini, 2018）告诉我们，网红是有利可图的职业。发布同赞助人商定好的内容，网红的所得与其网络规模相当。拥有 10 万粉丝量的小型网红，每条赞助内容的报酬最多是 500 欧元。中等网红约有 50 万粉丝，每一帖子的报酬是 500 到 5000 欧元。大网红的粉丝超过 1000 万，每一帖子的报酬是 2500 欧元到 10000 欧元。

据利迪亚·巴拉塔（Lidia Baratta, 2017）报道，以其全部活动计算，意大利主要的网红之一基亚拉·塞维尔尼尼每年的营收在 1000 万欧元到 2000 万欧元之间，就像一个普通的商业企业。此外，网红生成的帖子持续增加（Fastenau, 2017）：仅照片墙上 2017 年就有 1200 万个帖子，它们生成的营收在 15 亿欧元左右。

就我们的论述而言，问题来了：网红的付费帖子是假新闻吗？英国政府的竞争与市场管理局（Competition and Market Authority）认为是。管理局在文章“网红营销反垄断：广告必须透明”（Antitrust on Influence Marketing: Advertising Must Always be Transparent）中写道：

> 这一现象声势越来越大，原因是网红的效应，他们建立于粉丝–消费者的联系，粉丝–消费者觉得网红传递的是来自于亲身体验的忠告，而不是广告传递的信息……常常出现这样的情况：形象加上品牌，在帖子的个人资料上，与美元品牌的形象交替出现，形成一个形象流，给人的印象是在叙说私人的日常生活……禁止隐性广告的规定具有普遍性，也应该被用于社交网络的传播。网红并不能使人相信，他们的行为是自发的，没有利益关系，实际上，他们是在推广品牌。

因此，大多数网红如今在他们的赞助帖子前加上一个标签“#”，标明广告或赞助人。基亚拉・塞维尔尼尼说得对：

> 这样的标签足以使用户（包括不那么有见识的用户）理解，如果网红喜欢推荐那种手提包……他是在干活赚钱，而不是在表现他的业余爱好吗？而且最重要的是：用户们在乎这样的差异吗？（2018, p.19）

问题就在这里。答案是不关心，大多数用户不在乎。说服心理学把这个事情解释清楚了。西奥迪尼写道："社会责难原理（principle of social reproof）说，我们对正确品行的判断建基于他人的行为，尤其依据其行为是否和我们类似。"（2013, pp.148–149）因此，如果我认定蒂齐亚（Tizia）是网红，她用的手提袋是赞助商送的，对我来说，她用这种手提袋的事实更重要，她为什么用这种手提袋就没有那么重要了。

早在社交媒体降生以前，广告就在用推荐书这个工具，绝非偶然，其根据是同样的机制。两种机制的主要差异是：著名的演员和运动员稀少，打造一个网红却比较简单，在他周围营造一个数字社交网络，准确抵达一个目标受众，就可以造就一个网红。

第六节　本章小结

实践性社群是一直存在的，如想要一起备考的一群学生，想要打足球锦标赛的一群朋友等等。但社交媒体使他们升级为聪明的暴民，即利用数字媒体以更好更快达成共同事业的实践性社群。

由于社交媒体，实践性社群能成长壮大。一方面在不必要将其制度化的情况下，造就数以百万计的社交媒体用户是可能的。另一方面，这种不必制度化的维度不仅使实践性社群在去掉制度中介的情况下达成目标，而且由于情景化社会事实的造成，制度造成的地位差异就被抹掉了。

率先发挥这种潜力的是优步和爱彼迎两家公司及其用户，他们是共享经济的玩家。它们被描绘为大型的数字实践性社群，容许社群成员获得职业身份：或为司机（实际上相当于的士司机），或为房东（实际上相当于酒店老板），却不必通过制度赋权，不必受制度约束。

去中介化还使一个新职业人物降生，就是网红。网红之所以受欢迎，是因为他们建设数字实践性社群的能力，而社群又承认其影响力。实际上，由于去中介化，判定最低限度要求是否具备的制度不复存在，入门的障碍不复存在了。这就是说，即使我不会做任何特别的事情，但由于某种原因我所做的事情吸引了一群网络粉丝——可能由于我帅，由于我讨人喜欢，由于与他们相似或相对——我仍然可以成为网红。

不过，凭借一个类似的机制，我也可以编造假新闻。一开始，我打造一个数字实践性社群，网罗一群想要达到共同目标的人。比如，我组建一群极右翼的同情者，目标是捍卫传统价值。此外，我在社群里培养一些重要人物、有影响力的人士，他们用预定的评论支持假新闻的内容。我把假新闻包装成与共同目标的达成与否直接相关的社会事实，我说，蒂齐奥和他那伙人挑战了我们社群的价值或共同目标。比如，鉴于我这个社群绝不会把选票投给特朗普，因为他的行为太放荡，我就编造假新闻说，希拉里·克林顿去望黑弥撒[①]。我想办法让社群里的网红发表评论，对她表示强烈的鄙视，我还数落她不符合社群价值的其他行为，压制任何可能不同的声音。末了，社群成员就会出于信仰而支持和捍卫我这条假新闻。

---

① 黑弥撒（black mass），天主教纪念耶稣牺牲的宗教仪式，含驱魔情节，参与者着黑衣。——译者注

第四章

假新闻的诞生和传播

我们在上一章看到，通过把假新闻包装成情景化社会事实，使之和数字实践性社群共同目标的达成与否直接相关，我就可以说服社群成员支持并捍卫假新闻的有效性。但这一机制发挥作用需要几个条件：

（1）假新闻的打造方式反映了社群成员的目标、利益、兴趣和人格；

（2）假新闻被足够多的社群成员看到；

（3）社群成员没注意到新闻是假的；

（4）社群里的其他新闻和假新闻的内容没有明显冲突；

（5）在社群外寻找信息的成员不多。

表面上看，这些条件似乎很难实现。实际上，我们将在这一章里看到，社交媒体的特征使所有这些要素都容易达成。

第一节　用社交网络去了解用户的人格

在此冒出来的一个问题是：我们如何编造假新闻使之在目标社群里传播，并得到社群成员的支持呢？实际上，答案相对简单（Riva, 2016b）：用行为、人格和社会身份去体现网络成员的期望和价值。这就是说，假新闻必须既与网络里的共同基础、共享知识一致，又和网络成员的人格和期望一致。

社交媒体的固有特征使之容易理解社会网络的期待和共享知识。谷歌、脸书和推特都能实时辨认并计量什么是潮流话题、什么是主要话题，都了解不同网络里的人在说什么，这早就是人尽皆知的事实。谷歌甚至发表年度报告《谷歌时代精神》(*Google Zeitgeist*)，揭示搜索引擎吸引用户注意的一切：激情、兴趣和亮点。

而这一可能性并不局限于社交网络平台。实际上，通过积极参与多个社交社群的生活，使用分析社交社群里会话内容的工具，了解不同网络的事情的确是可能的。这些收费或免费的工具使人能获得关于讨论最多的话题的非常详细的数据，知晓网络对该话题积极或消极的取向，以及获得关于不同意见或网红等在场的数据。

然而，正如哥伦比亚大学研究员桑德拉・马茨（Sandra Matz）不久前的一篇文章所述，为了获取网络的支持，仅仅了解网络上正在讨论的话题是不够的，了解构成网络主体人的人格也是必要的。

文章的题名令人悬想——“心理目标的靶定是数字大众参与的有效方法”（Psychological Targeting as an Effective Approach to Digital Mass Persuasion）。文章有云：

> 本文证明心理群体说服的有效性，针对大群个体的心理特征调整劝说的内容。一方面，这种形式的心理群体说服可以被用来帮助人们更好地决策，并过上更健康更幸福的生活。另一方面，它可以被用来不知不觉间利用人们的性格弱点，凸显政策干预的潜在需求。（Matz et al., 2017）

文章解释说，通过了解网络成员的兴趣，尽可能了解他们的人格特质，并生成个性化的、可影响其行为的说服力讯息。

第一位理解创建个性化讯息对政治劝说的重要性的政界人士是巴拉克・奥巴马。从 2008 年的竞选开始，他就大量使用这一策略。推动他用这种方法的是他统计团队主任丹・瓦格纳（Dan Wagner）的到来。首先，他决定把精细的传播策略从群体转向个体。萨沙・伊森伯格（Sasha

Issenberg）在《麻省理工学院技术评论》发表长篇文章解释说：

> 奥巴马的竞选团队用数据分析和实验方法去达成逐票争取的胜利。这样做，他颠覆了美国政治电视广告长期主导的趋势，在世界上创造了新的做法：他把全国大选搞得像地方选举，每个选民的兴趣都有所了解，都受到认真对待。（Issenberg, 2012）

早在 2008 年初，奥巴马的团队就搜集了关键州里数以万计潜在投票人的访谈录，整理成数以百计的参考资料，制定出说服用的专用文档，首先用于和选民的面对面交流。2012 年，他的团队决定把这一方法转向数字数据，测试过去用电话访谈、短信和电子邮件送达潜在选民的劝说讯息。

然而，桑德拉・马茨描绘的策略还需要补加一个元素：除了兴趣之外，你需要了解选民的人格。如何做呢？心理学早就回答了这个问题：用人格测验的方法。

人格测验是心理学工具，利用受试人对一套标准化刺激——典型的问题或形象——的回应，以达成一个人物特写。有几种人格测验，最常用的是基于五大理论的人格测验（Big Five Questionnaire-2, BFQ-2）（Caprara et al., 2008）。

BFQ-2 有 134 道题目，用受试者的回答来描写和评估其人格，基于以下五个基本的维度（Caprara et al., 2008）：

（1）能量（energy）：对各种生活情景是否有自信和热情的取向，大多数是人际交往的情景；

（2）随和性（amicability）：在积极态度方面存在利他主义、关心、提供情感支持等；在消极态度方面有敌视、冷漠和自私。

（3）责任心（conscientiousness）：存在或不存在精确、可靠、担当、成功的意愿和韧性等人格特质；

（4）情绪稳定性（emotional stability）：负面的人格特征有焦虑和情感问题，比如抑郁、情绪不稳定、易怒等；

（5）开放性（open-mindedness）：是否以开放的态度看待新观念、他人的价值观和个人的自身感受。

随后，为以上五个基本维度各确定两个子维度，指同一维度的两个不同方面：

（1）能量：活力和支配；

（2）随和性：合作和热心；

（3）责任心：谨慎和坚韧；

（4）情绪稳定性：情绪控制和冲动控制；

（5）开放性：文化开放和经验开放。

几种实验研究证明，这五大理论的人格测验有效，能正确识别受试者的人格特征（Caprara et al., 2008），所以这种测试法常被用于几种专业背景：潜力评估、学校 / 专业取向、临床和个人评估或人事选拔。

然而，用这一工具分析一个社会网络全体成员的人格时遭遇到两个问题：

（1）网络里的每个人都应该回答全部 134 个问题，并且与我们分享测试的结果；（2）如果这样做，每份评估表的成本会高达 50 欧元。如果我的网络大到容纳 100 万人，那就是 5000 万欧元。

不过，这两个问题由斯坦福大学的研究员米哈尔·科辛斯基（Michal Kosinski）解决了。他 2008 年在剑桥大学心理测量中心开始读博，分析人格测验和脸书资料的相关性。由于脸书的免费软件“我的人格”（MyPersonality）[①]容许个人分析自己的人格，而每个人只需回答一系列的问卷。科辛斯基搜集到 6000 多万脸书用户的人格数据，他可以将其与社交媒体呈现的数据进行

① 见 http://mypersonality.org。

比较。特别是，分析搜集到的数据，科辛斯基意识到，通过社交网络上呈现的信息，比如“喜欢”（点赞）、分享的图片和帖子，加上年龄、性别和住所，就可能相当准确地预测人格问卷的调查结果。

科辛斯基几年的工作终于成就博士论文，他尝试建构基于“喜欢”的预测模型，该模型使他能预测每个社交媒体用户的人格。结果令人吃惊。早在 2013 年，只需知道少于 70 个关于“喜欢”的回答，该模型就能预测个人的种族（95% 的准确率）、性取向（88% 的准确率）和政治取向（85% 的准确率）（Kosinski, Stillwell, and Graepel, 2013）。两年以后，该模型预测人格的准确率继续提高，高于传统的人格测验，与网络成员的其他预测方式相媲美：十来个“喜欢”足以生成类似一位同事的人格形象，70 个“喜欢”足以和一位密友或同居者的人格形象类似，150 个“喜欢”足以类似一位家人的人格形象，300 个“喜欢”足以类似配偶的人格形象。

但第三方要知道我们的喜好有困难吗？

在照片墙上，如果用户没有将自己的资料设置为“私人账户”，任何跟帖者都可以直接进入他的账户搜集数据。但在脸书上，朋友却不能直接看见你的“喜欢”。若要偷窥，你就需要一只木马：脸书上有许多被人分享的调查或游戏媒体，为了使用，首先要求用户允许访问他个人数据。一旦得到允许，游戏的制作者就可以直接访问我们的“喜欢”。然而，一切应用程序曾经的授权任何时候都是可以改变的。只需点击菜单上的“设置”，挑选“应用”就可以更改。（图 4.1）

一系列的新闻调查指出（Cadwalladr, 2018; Cadwalladr and Graham-Harrison, 2018b; Grassegger and Krogerus, 2017b），这正是另一位俄罗斯裔美国人亚历山大・科根 (Aleksandr Kogan) 使用的工具，他把基于“喜欢”的人格分析数据和方法出售给英国的战略通信研究室（SCL），该集团又在其美国分公司复制了这些数据的方法。

在此，强调两个事实至关重要。首先，除了在剑桥大学工作，科根在

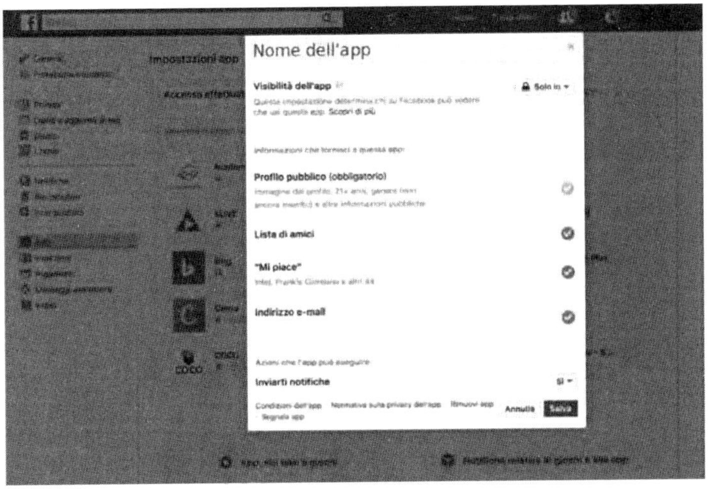

图 4.1　脸书控制板，访问个人数据的授权可在此更改。

圣彼得堡大学任副教授，俄罗斯那家互联网研究公司的总部也在那里；他在那家公司直接得到政府拨付的研究经费，项目名称是“社交网络上的压力、身体健康和心理健康”（Cadwalladr and GrahamHarrison, 2018a）。其次，英国的战略通信研究室，就是我们在前几章看到的那家公司，其美国分公司“剑桥分析”（Cambridge Analytica）的创办人史蒂夫·班农在特朗普的竞选团队中发挥了核心作用。

根据几家新闻报道（Cadwalladr and Graham-Harrison, 2018b; Grassegger and Krogerus, 2017a），剑桥分析公司用这种方法获得了基于数百万美国成年人的五大理论维度的性格特征，然后用桑德拉·马茨（Matz et al., 2017）提议的人格化说服内容进行分析。剑桥分析的主管尼克斯（Nix）叙述道：

> 特朗普和克林顿第三场电视辩论那一天，共和党竞选团队主要用脸书来检测围绕竞选主题的 17.5 万个广告的变化情况，以便找到对路的广告。大多数情况下，广告讯息只有微小的心理差异，目的都是用最恰当的方式面向受众的心理特征资料。有不同的文案标题、颜色、

字幕，并配一张照片或一段视频。（Grassegger and Krogerus, 2017b, p.46）

应该强调指出，正如脸书在有关它的新闻报道揭示之后所发表的简短声明所承认的那样，科根搜集数据所用的技法是完全合法的，也符合脸书公司的指南（Grewal, 2018）。而且事实上，这种方法在广告界已定名为“高级用户资料”（Advanced User Profiling），数以百计的广告公司每天都在用这种方法推销产品，只是形式不那么复杂而已（Mardegan, Riva, and Scatena, 2016）。把它转化为传播假新闻主要工具的是其他一些因素，我们将在以下几段文字里讨论这些因素，它们是社交网络流行经验的特征。

第二节　社交网络上新闻的呈现方式：基于人气和社交筒仓的挑选

脸书网上的“新闻”栏发挥核心的作用。它起初是方便为了监控自身社交网络的活动，后来逐渐扩充到包括朋友评论或“喜欢”的帖子，还包括不属于我们网络的人，或公共团体、并未注册的人发布的帖子。为此，只要我们的朋友对假新闻发表了评论或标记了“喜欢”，它也会出现在我们的“新闻”栏中。

“新闻”栏有还“人气”（popularity）榜单，榜单把最受欢迎的新闻归入 5 个范畴：主要趋势、政治、科学技术、体育和娱乐。但脸书如何选择最受欢迎的新闻呢？

2016 年 8 月，美国政治选举（political elections）前的几个月，高人气新闻的选择由 20 位记者进行。然而，脸书的研究显示，这个记者群的一些人倾向于排除最贴近保守界人士的新闻，于是脸书决定消除人的干预，完全用基于人工智能的算法选择新闻（Wong, Gershgorn, and Murphy, 2016）。

消除人的因素、只用人工智能就能减少偏见吗？近日《科学》（*Science*）杂志一篇文章证明，答案是否定的。文章的结论很清楚："机器学习用于普通人类语言会产生类似人的语义偏颇。"（Caliskan, Bryson, and Narayanan, 2017, p.183）尤其是，人格呈现给人工智能系统的数据库有偏颇，最后的结果就会保留起初原有的偏颇。因此，正如互联网研究公司研究人员清楚了解的那样，若要让人工智能系统挑选出假新闻，呈现给它的大部分新闻和假新闻有联系就足够了。

今天，人气旺的帖子是基于多因素的组合自动选出的，这些因素包括：与脸书上的文章的互动，与文章发布人的总体互动，其他文章是否和同样的论题有联系。不过，在最初的版本中，脸书的人工智能用的是不那么复杂的算法，主要是基于"喜欢"和分享新闻的次数。

因此，只要有足够多的"网军"就可以让假新闻混迹人气高的新闻。实际上，使用人工智能刚刚过两天，这种算法生成的首批假新闻就进入了脸书人气最旺的新闻榜单，这些假新闻可以追溯到保守派的网站，那些假新闻宣称，右翼福克斯新闻频道的一位主持人发表评论，支持希拉里·克林顿选总统（Abbruzzese, 2017）。

我们在第二章看到，这一机制能生成社会事实，而社会事实又把支持自己的"社会责难"强加在个人身上（Pariser, 2012）。

蒂姆·伯纳斯–李（Tim Berners-Lee）在 2010 年的《卫报》（*The Guardian*）的访谈录里指出，社交网络与互联网截然不同：

> 你进入越深，你就陷得越深，你的社交网站成为一个中心平台——封闭的筒仓，你不能充分掌握它呈现的信息……这样的结构传播开来，网络就支离破碎，使人不可能访问单一的普世信息空间了（Halliday, 2010）。实际上，就像用于储存粮食或饲料的物理筒仓是封

闭容器一样，脸书打造的筒仓是用户的容器，拥有相似社会特征的用户被封闭起来卖给广告商了。

筒仓一个重要的元素是储存食品的能力。社交筒仓也有这样的功能，打造它们的目的是：保存筒仓里的想法，与其他想法的冲突被降到最低限度，因为其他想法会“污染”筒仓里的内容。

互联网活动家和高价值网站（Upworthy）创建人伊莱·帕里瑟（Eli Pariser）把这个机制解释得很清楚：

> 下一代过滤器决定我们喜欢的事情——其依据是我们的所作所为或与我们相似的人对什么感兴趣——然后推算信息……合在一起，这些过滤器为我们每一个人打造一个专用的信息宇宙或过滤器泡泡。以这样那样方式，我们一直在挑选自己感兴趣的事情，其他的一切都被忽略了。

换句话说，社交媒体理解用户的能力导致了内容选择的隐形机制，倾向于排除不完全匹配我们口味的信息。这一结果阻碍比较和批判的精神。如果假新闻完全根据本网筒仓的形象来建构，谁也不会拷问这些假新闻，这就促进了假新闻的传播，并把假新闻转化为真实的社会事实了。

最近，脸书试图证明，排除不那么贴近我们口味的新闻的，是我们社交网络成员的行为，而不是内容选择的内部机制（Bakshy, Messing, and Adamic, 2015）。然而，最终的结果并没有变化：我在社交媒体打造的筒仓里待的时间越久，我的思想就越不容易改变了。

第三节　社交网络的使用方式：肤浅和短期注意

两个因素进一步削弱社交媒体用户的批判能力：对墙上的内容只给予低水平的注意，这就导致人们对内容进行肤浅的分析。

认知科学认为，有三种不同的注意力：

（1）持续注意力（sustained attention）：在完成任务的过程中，始终维持足够水平的注意力；

（2）选择性注意力（selective attention）：只挑选对给定任务重要刺激的能力，忽略干扰性刺激；

（3）分散性注意力（divided attention）：完成平行的多种任务的能力，把注意力资源从一种任务转向另一种任务（Làdavas and Umiltà, 1987）。

微软在加拿大进行的一项研究尝试检测技术使用对注意力水平的影响，尤其社交媒体对注意力的影响（Gausby, 2015）。研究结果很有趣。

小小年纪就使用技术的人，或重度使用技术的人，其持续注意力广度比前几代人低得多。然而，持续注意力的丢失由于分散性注意力的提高而得到补偿，也由于多任务能力的提高而得到补偿。尤其，这一代人能产生注意力的“爆发”，借以弄清楚哪一件任务最需要集中注意力。

但这两个因素对选择性注意力能产生合并的影响。只有一个刺激时，最年轻的或最擅长技术的个体的行为和老辈人类似。然而，在多任务进行的过程中，尤其在技术性多任务的过程中，情况却为之一变。比如，回复手机短信、同时又在看电视或听收音机时，他们只选择重要刺激的能力就被大大削弱了。

如果这是一般的情况，最后的数字同样很有趣：在15年里，享受数字内容时的平均注意力广度下降了 50%，每件内容的注意力从 12 秒下降到 8 秒。该研究报告指出，这样的注意力广度比金鱼的 9 秒钟都要低。持续注意力的降低对假新闻意味着什么呢？上海应用技术大学的邱晓燕在《自然与人类行为》（*Nature Human Behavior*）发文解释说：

> 我们把本研究得到的经验数据与现有的使用社交媒体低水平注意力的数据进行比较，结果显示，传播质量和流行度之间只有比较低的相关性。在这些现实条件下，我们的模型预测，低质量信息同样会病毒式传播（和高质量信息一样），这就可以解释我们在网上看见的大量传播的虚假信息。（Qiu et al., 2017, p.1）

更简单地说，鉴于当前人们用于社会内容分析的注意力水平比较低，网络就不能有效地分辨质量高低的内容，这就为假新闻的传播提供了理想的语境。正如我们在第二章里所见，受试者没有给予自己足够的时间去选择，它们用"边缘式"选择路径，这条路径依靠直接的背景元素，比如信源的特征、讨喜，或讯息的权威性（Petty and Cacioppo, 1986）。在网络层次上，"边缘式"选择导致两个因素的优势：对变化的抵制和极化（Sunstein, 2017）。

第一个因素一望而知：面对日益增多的选择时，有限的注意力驱使主体人挑选不与妥当世界观抵触的新闻和内容。如果我没有时间去选择，我就避免冒险。

这种现象还影响群体的选择。实际上，网络成员邂逅时既相对匿名，又共享群体身份——社交筒仓发生的情况就是这样的，他们的选择往往给最初的知识更大的权重，给讨论过程中出现的新信息的权重比较小。最后的结果是，网络的选择倾向于极端化，以确保群体意见一致（同上）。

桑斯坦（Sunstein）把这个问题说清楚了：

> 这就是问题的要害：如果网络成员倾向于某一立场，他们会夸大其词，放大倾向于那个方向的言论，而有很少的言论指向相反的方向……假设群体成员改变立场，他们就会极端化这一立场，站在更有利于该立场的一边。如果集体决策成为必须，整个群体都不会向中间立场移动，只会向极端立场靠近了。（同上，p.93）

第四节　对社交媒体的行为依赖

在时间网络里，我们刚才看到的所有元素都限制了批判精神的培养，而如果批判精神难以养成、保护自己不受假新闻的影响是不太可能的；有鉴于此，最好的办法就是摆脱社交网络，至少是限制其使用。但这是否可能呢？

创意广告公司 We Are Social 最近发布研究报告《全球数字》（*Global Digital*）称，社交媒体的使用继续增长：

> 全世界社交媒体用户已超过 30 亿（占世界人口的 42%），意大利就有 3400 万（占意大利人口的 57%）。不仅如此，每个意大利用户每天在社交媒体上花费 1 小时 53 分钟，这些时间的 88% 花在手机上。实际上，意大利一半以上的人几乎每天有两个小时花费在社交媒体上。而且这个趋势有增无减：社交媒体上花费的时间去年增加了 10%，过去 4 年间增加了 40%。

为什么？因为远离社交媒体越来越难了。

一方面，正如脸书前经理安东尼奥 · 加西亚 · 马丁内斯（Antonio García Martínez）对《浓咖啡》（*Expresso*）所解释的那样，社交媒体的使用在我们社会身份的建构中发挥了核心的作用：

> 认为它是可有可无的额外选项的人错了；他们认为，一旦我们决定不用社交媒体，我们都能停用脸书。我们不会的。即使脸书明天消失，它又会被另一种社交网络取代，其功能是界定我们的网络身份，那就是“新”的脸书。我们已经习惯这样的生活，那是不会改变的。就像自来水：供应自来水的可以是这样那样的实体，但自来水仍旧是人类社会的一个特征。（Chiusi, 2017）

另一方面，“条件反射”恰恰是正确的词（Alter, 2017）。脸书的前董事长肖恩·帕克（Sean Parker）告诉我们，社交媒体建构的目的是“利用我们人类心理的脆弱性”，人类心理有一个像吸毒一样的上瘾机制[①]：“到了今天，我们大家都需要那点小小的多巴胺冲动，我们上传的照片得到‘喜欢’或评论的跟帖，我们的多巴胺冲动就被引发了，这是社会验证的反馈回路。”（Marro, 2018）

几个月以后，脸书的前副总裁查马斯·帕利哈皮蒂亚（Chamath Palihapitiya）退缩了：“我们造成的多巴胺‘反馈回路’正在摧毁我们社会的运行方式。不再有文明的争论，只存在虚假信息和谎言，这不仅是美国的问题，而且是全世界的问题。”（Marro, 2018）

但脸书的两位前高管所谓的多巴胺反馈回路究竟是什么呢？

多巴胺是一种神经递质，控制运动行为的协调和适应行为（吃、喝等）及相关情绪的调节。在情绪上决定归属于某一体验的愉悦水平中，多巴胺

---

① 文章“肖恩·帕克批评脸书“利用人的脆弱性”，见“ANSA.it”，http://www.ansa.it/sito/ news/technology/internet_social/2017/2011/2010/facebooksfruits-vulnerability-human_07935514-b07935510f0793551907935514eed-07938714-07935514a07935519d07935514a079355 12e07937229.html，访问日期：2017 年 11 月 11 日。

尤其发挥核心的作用：多巴胺水平越高，归属于某一特定体验的快乐水平就越高。同时，多巴胺在诱导病理成瘾方面起到关键的作用（Rosenberg and Feder, 2015）。西蒙·帕金（Simon Parkin）解释说：

> 每一种上瘾的“毒品”，从安非他命到可卡因，从尼古丁到酒精，都生成超常的多巴胺，影响多巴胺系统。毒品的使用绕过了连接奖赏回路和前额皮质的神经通路，那有助于人们控制冲动。吸毒越多，戒毒就越困难。（2018）

反馈回路使多巴胺系统将信息传回到信息的源点，这个过程可以被用来矫正其线路。在上瘾的情况下，信息关乎能生成愉悦的多巴胺水平。上瘾的人越来越习惯多巴胺的存在，需要高一点的水平来维持初始的愉悦程度。于是，他就时不时增加吸毒的剂量和频率。

根据几位分析师以及几位前高管的披露，脸书研究了与上瘾有关的机制，利用这些机制来生成用户体验，尽可能把用户维持在脸书的平台上（Brooks, 2017; Parkin, 2018）。最近的研究显示（Alter, 2017），技术使用上瘾是五个因素相互作用的结果：

（1）难以抗拒、难以预测的正反馈（这个因素与多巴胺直接相关）；

（2）强大的社会联系；

（3）需要化解的紧张；

（4）难以达成的有趣目标；

（5）不断进步和提高的感觉。

从这个视角看，促使行为上隐很简单：只需创造激活以上多种因素的用户体验，就足以使人上瘾。

专事以上机制研究的美国公司之一是多巴胺实验室（Dopamine Labs）。与脸书公司前高官言论相关的争议发生不久之后，多巴胺实验室更名为

“无边心灵”（Boundless Mind）。

公司的主页上写道：

> 收益和病毒式传播依靠用户粘性和忠诚度。成为用户的习惯是应用软件生存的必要条件。所幸的是，习惯是可以编程的：我们所做的事情是我们被程序强化要做的事情，就是使我们高兴的事情。得到正确的强化不是碰运气，而是靠科学。具体地说，就是神经科学。

“无边心灵”公司究竟做什么呢？他试图生成一种反馈回路，以提高主体在技术体验过程中的多巴胺水平。

粗线条地说，该公司谋求的机制可以表述如下：首先确认能提高多巴胺水平的技术体验。一般地说，这就是生成多巴胺的奖赏机制，脸书公司的奖赏机制就是用户得到一个“喜欢”的点击或加好友请求。随后的机制是激活奖赏和体验的随机联系；用户预计获得奖赏的机会越少，而奖赏竟然发生时，他的多巴胺水平就越高。最后的理念是给奖赏赋予社会价值，分配给他不同于其他用户的地位。这就是说，起初你是初级用户，后来你成为专家用户，最后你成为超级用户。

一切受神经成像技术（neuroimaging techniques）支持的技术都能验证大脑多巴胺水平的实际变化，正电子发射断层扫描（PET）就是其中之一。

这个过程生成一个反馈回路机制，逐渐推动用户去增加社交网络使用的频率和时长，以维持初期体验所产生的愉悦水平。

这些技术会产生什么后果呢？就脸书的情况而言，用户倾向于越来越多地使用这个社交网络。即使有人决定离开脸书，由于缺乏来自于得到“喜欢”跟帖的多巴胺，他还是可能被拽回去。用户的情况又如何呢？脸书前总裁肖恩·帕克（Sean Parker）的回答具有象征意义：“唯有上帝知道我们孩子的大脑正在发生什么变化。”①

实际上，脸书对这样的变化很明白。脸书的研究部总监大卫·金斯伯格（David Ginsberg）在2017年的一篇长文中进行了解释。简而言之，脸书的消极用户，即只是阅读和评论帖子而不与人互动，就可能会生病：诱发抑郁、社交焦虑和孤独感（Ginsberg and Burke, 2017）。

第五节　这个帖子真实吗：数字内容的客观真相

在第二章里我们看到，事实是“拥有真实性和一致性的某事某物，与之相对的是不具体、难触知、不确定的事情”。

简单点说，事实是一望而知的事件，其证据来自于我们对周围物理世界的直接观察（经验）：今天有阳光，这是个事实，因为如果我往窗外看，天空无云。

但直接经验这种证据在数字世界里也是事实的标准吗？遗憾的是，答案是否定的。

为了弄懂原因何在，我们必须从模拟式表征（analogue representation）和数字式（digital representation）表征的区分开始。

所谓模拟式表征指的是一个程序，用连续的方式表征一种现象。一个例子是自动钟：秒针持续不断地运动标记时间的流逝。

相反，数字式表征是一个过程，用非连续的方式表征一种现象。一个例子是液晶钟：用一连串的点击标记时间的流逝。

微处理器是数字媒体的心脏，只能处理二进制类的信息，即有两个值，

① 见文章“肖恩·帕克批评脸书‘利用人的脆弱性’”（Sean Parker Criticizes Facebook, “Exploits Human Vulnerability”）。

0 或 1。因此，为了在社交媒体里传输，每一条信息都必须要数字化：通过复杂程序离散化。有了这个过程，“hello”就可以转化为一个 0 和 1 的序列了。这个过程的主要后果是，数字信息更容易修改了：信息转化为数字后，只需用数学公式可以复制和修改。这几乎使人能完全掌握复制的过程和可能性，于是，复制内容比如照片、音频、视频就可能了——乍一看，这些复制品就是物理世界的逼真再现。

人尽皆知，像 Photoshop 这样的照片修改程序对摄影和时尚产生了影响。盖亚·马赛罗（Gaia Masiero）在《名利场》(*Vanity Fair*）刊文评论名流和模特的照片，对比 Photoshop 发明前后的情况：

> 但是，他们为什么看上去总是那么完美呢？名流们有时使我们嫉妒，引起我们富有争议的仰慕。连肌肤、深邃的目光、浓密而丰满的头发、干燥无汗的身体和发达的肌肉都……如果这一切都归功于 Photoshop 这一软件呢？天然的美丽、体育锻炼的投入、昂贵的美容以及自然母亲的恩赐——这一切宝贵共谋都不能解释他们与我们普通人为何有天壤之别。反观我们，身子不完美的种种表现困扰着我们，而且每次看自己的照片时这些瑕疵似乎都在增长放大。（Masiero, 2017）

实际上，情况正是这样的。借用照片编辑工具，我可以把一个普通人变成女神，甚至可以修改她的身高、五官、皱眉纹等等。

照片墙（Instagram）生而成为一款“改进”照片的应用软件，可以“改善”手机的抓拍和自拍，该软件的降生绝非偶然。这款软件的特征实际上是拥有许多图形滤镜，滤镜很容易使你的照片更吸引人。起初的版本有 16 个滤镜，都是些令人遐想的名字：梅费尔、赖斯、瓦伦西亚、赫斐、纳什维尔，它们能改善颜色、曝光度和反差。

这里的问题是：Photoshop 或 Instagram 修饰并上传到社交媒体上的照

片是“真实的”吗？如果我们用上文描绘的标准来衡量，表面上看是真实的。看见照片的所有社交媒体用户都没有怀疑：他们正在看一位美女。但如果标准是照片与物理世界的关系，答案只能是“不真实”：网络世界里没有女孩与我们正在看的美女吻合。当然，至少有一人像她，但她又和那个人不完全相同。

对假新闻而言，容易且使人相信修改数字内容的能力是一大机会。虚假数字内容实际上是很有说服力的。比如，一个议论纷纷的假新闻故事主打一张葬礼的照片，突出玛丽亚·埃莱娜·博斯基（Maria Elena Boschi）和劳拉·博尔德利尼（Laura Boldrini）的形象，说明词是：“瞧谁在哀悼托托·瑞伊那（Totò Riina）？”[①]

实际上照片被大动手脚，目的是不让人了解，那是尼日利亚男孩以马利的葬礼，他死于种族主义羞辱的打斗。但对看照片的人而言，照片无疑是“真实的”；看起来很真，以致数以千计义愤填膺的用户自发地、参与式地分享它。

假新闻下功夫的事情之一是修改内容，使之像真的一样。比如，桑曼斯·苏布拉曼尼亚（Samanth Subramanian, 2017）研究马其顿网站时就记述，在美国大选期间，大多数亲特朗普的内容常常复制美国网站的名字和图像。比如，最活跃的一个网站叫纽约时报政治网（NewYorkTimesPolitics.com），它厚颜无耻地盗用《纽约时报》的图片甚至内容。如果没有足够水平的观察力，你就很难意识到，你读到的东西并非出自《纽约时报》的编辑部，而是一群马其顿的劝说者。

迄今为止，图像仍旧处在假新闻的核心，因为图像容易操纵。但技术

---

① 文章“瑞伊那葬礼上的博斯基和博尔德利尼”（Boschi and Boldrini at Riina’s funeral），见 https://www.ilfattoquotidiano.it/2017/2011/2022/boschi-e-boldrini-ai-funerali-diriina-la-sottosegretaria-fake news-passed-the-limit-the-m2015sprende-le-distanze/3995358/，访问日期：2017 年 11 月 22 日。

正在改变这一情况。比如，FakeApp 应用程序执行的人工智能系统使你能用换脸术改变视频里的人物。和以前可利用的技术相比，结果是令人吃惊的：在不知道那是计算机处理的情况下，你容易把处理过的视频当作真实的视频。如今，FakeApp 程序的主要用途是将名人的面孔叠加到色情电影的演员身上。在令人生疑甚至意欲妥协的情况下，这个程序很容易被用来制作政界人士的视频。

第六节　本章小结

在这一章里我们看到，有效假新闻的构建就是将其包装成情景化社会事实，使之和数字实践性社群共同目标的达成与否直接相关。不过，只有在以下条件大多数同时出现时，这一机制才会有效：

（1）假新闻的建构意在反映社群成员的目标、利益和人格；

（2）足够多的社群成员看到了假新闻；

（3）社群成员没有注意到，新闻是假的；

（4）社群里的其他新闻和假新闻的内容不抵触；

（5）社群成员在社群外寻求信息的人不多。

我们在本章里始终看到，社交媒体的运行方式使这些条件容易发生。一方面，利用社交媒体上搜集到的信息，我就能了解我所在的社群成员，并将其建构为很有说服力的个性化讯息。斯坦福大型米哈尔·科辛斯基的研究成果尤其证明，通过分析“喜欢”我就能了解用户的兴趣和人格：十来个“喜欢”足以获取类似一位同事的人格形象，70 个“喜欢”足以和一位密友或同伴的人格形象类似，150 个“喜欢”足以类似一位家人的人格形象，300 个“喜欢”足以类似配偶的人格形象。

另一方面，社交媒体建构的目的是以更大的能见度奖赏最有人气的新闻而不是真实的新闻，同时又将用户封闭在社交筒仓里。社交筒仓是用户的容器，把社会特征相似的用户打包“卖”给广告商。为此目的，社交媒体试图诱发用户的行为依赖，用无形的内容选择过滤器，排除并不完全匹配过滤器的口味。但这就阻碍了比较和批判精神。

如果再加上用户越来越少注意社交媒体内容的倾向，毫无疑问，社交媒体代表着假新闻编造和分享的理想语境。

15 年之内，我们对每一件内容注意的时长从 12 秒降低到 8 秒；在缺乏经验的用户注意不到的情况下，修改数字内容就变得容易了。

第五章

在假新闻世界里生存

一个明显的事实是，虽然劝说者能弄清楚我们是谁，进而编造假新闻，但我们仍然维持了使用批判精神的能力，并自由决策。但在社交媒体的日常经验里，需要什么样的条件才能践行批判精神呢？

在以下的篇幅里，我们尝试回答这个问题，并分三个层次分析。第一个层次是制度，制度用特别的规定管制我们访问和使用个人数据。第二个层次是网络，专门的人员——事实核查员——可以帮助脸书和社交媒体用户识别假新闻。最后一个层次是个人：减少行为依赖，通过更多的注意和训练，个人可以学会识别假新闻的信号，从而判定假新闻。

第一节 如何在假新闻世界里生存：制度的作用

开篇的问题很清楚：使人能在社交媒体的日常经验里用上批判精神的前提是什么？

根据诗人约翰·弥尔顿（John Milton），答案很简单：思想自由流动时，真理就胜出（Milton, 2002）。桑斯坦这样解释说：

> 未计划、未选择的相遇常常被证明对个人和社会都有好处。虽然方式不同，同样的情况发生在无心插柳的相遇中。有时，你可能看见你最不喜欢的记者写了一篇社论，感到恼火……那没什么好玩的，但它可能促使你重新考察甚至纠正自己的意见。（Sunstein, 2017, p.58）

在两个因素的存在下，思想的自由流动，尤其支持了批判精神。这两个因素是：思想的多样性和系统分辨最佳思想的能力。

问题正是这样的：我们看到，社交媒体世界所干的事情刚好相反。一方面，它竭尽全力把我们锁定在社交筒仓里，任何潜在的多样化声音都被消除了。另一方面，它奖赏的不是最佳的思想，而是最有人气的念头，甚至允许用虚假个人资料来操纵结果。在这样的语境下，那些想要欺骗我们的人实在是很容易得逞的。

美国大选之后，脸书着手检讨这些规则。比如，它开始惩罚反复分享假新闻的网页，减少其能见度，甚至去除这些网页。再者，剑桥分析公司的丑闻被发现，它把数以百万计用户的个人资料用于劝说目的。扎克伯格不得不宣示，他将大幅限制开发商访问脸书用户的个人资料，同时他会让我们更容易了解自己的哪些数据是可获得的，被谁利用，为何被利用①。

然而，这些改变固然表明对一种关键情况的警觉——在过去几个月的时间里，脸书公开否认那些问题的存在，即使面对相反的证据也否认。后来这些改变肯定不是解决问题的办法。

因此，制度必须通过监管脸书的运行机制先行一步，那些机制容许社交媒体把我们锁进笼子，把我们的数据交给那些说服我们的家伙后，竟然把锁笼子的钥匙扔掉了。谁能访问我们的个人资料？他们如何谋划利用我们的个人资料？那是为了政治目的和说服我们的目的吗？所有这些问题都必须要由立法机构说清楚，并做出明确的解答。

这方面的重要作用可以由《欧洲数据保护条例》（*European Data Protection Regulation*）来完成。该条例 2018 年 5 月 25 日生效②。

条例的创新之一是“地域适用范围”（territorial scope）概念（第 3 条），该条款强制要求，非欧盟国家驻欧洲公司，比如脸书和谷歌，为欧盟居民

① 见马克·扎克伯格（Mark Zuckerberg）2018 年 3 月 21 日发布的帖子。

②《欧盟数据保护条例》（*EU Directive*）2016/680。

提供产品和服务时，必须服从该条例的规定。

另一个创新元素是“目的限制”（第5条），个人资料的搜集只为特定、明确、合法的目的，进一步处理的方式不能与那些目的抵触；个人资料的进一步处理归档要符合公共利益、科学或历史研究，其目的不能被视为与原初的目的不兼容。

这个第五条能防止剑桥分析公司把搜集的数据用于政治劝说的目的。再者，该条例还规定，就敏感数据的搜集而言，被搜集者必须始终明确表示同意（第9条）；个人同意的规定还适用于基于自动处理的决定，包括个人资料处理的决定（第22条）。

意大利的情况也在推进。创新的第一步是2017年11月颁布的“技术一览”（Technical Table），以保证数字平台上信息的多元和公平[①]。该表的目的是强化数据和信息交换，以及最佳的做法，相关的三个领域是：

（1）检测方法、预防策略和工具，拦截或删除网上危害信息公平、公正、多元的内容；

（2）经济流动的监控，针对资助上述有害内容的本国和外国金主；

（3）界定技术，比对来自域外与线上广告相关的虚假信息，尤其是虚假账号或幽灵账号喂养的虚假信息，以及和经济流动相联的虚假信息。

下一步就是把良好的做法转化为条例，以防止假新闻的传播。关键的一点是能用妥当的惩罚手段惩治假新闻的编造者。假新闻的编造者冒什么险呢？

理论上说，假新闻可以被纳入借用新闻媒体、宣传或公共行为的诽谤罪，由意大利刑法第595条规定，处以6个月至3年的监禁，或处以516欧元以上罚款（Rijtano, 2017）。

---

① 意大利电信监管局（AGCOM）第423/17/CONS号决议，《数字平台信息多元与公平技术规定一览》。

诽谤某人的意思是受害者不在场的情况下损害其声誉，把诽谤“传递给几个人”。简言之：“某人不在场时对他人说他的坏话。若要提告诽谤罪，当事人需提出口头或书面的控诉，或向司法警察提出控告，如果当事人在国外，则向领事馆提出。诽谤罪在三个月内判定。”

实际上，正如吉安米凯莱·帕沃尼（Gianmichele Pavone, 2010）解释的那样，惩治有意识编造和散布假新闻就复杂得多了。第一个关键要素是，既然诽谤罪是个人性质的，因此指明诽谤者姓名是必需的要素。然而，和新闻稿不一样，诽谤者并非立即能够辨识；在假新闻里，虚假个人资料的帖子司空见惯。在这样的情况下，找到始作俑者就需要获取超乎用户个人力所能及的工具。

第二个问题是新闻发生的地点。如果假新闻是在意大利编造的，用的是意大利地域的服务器，处理不会有问题。但大多数情况下并不是这样的：许多假新闻生成和传播都是在海外。比如，美国大选期间许多流传的假新闻都是在马其顿编造的（Subramanian, 2017）。识别和惩治海外编造者就困难得多了。

因此，最有效的办法就是确定欧盟国家的共同规则，以避免惩治的差异。出于这种考虑，2018 年初迈出的第一步是组建一个研究小组（假新闻和网上虚假信息高级别小组），其任务是在这个问题上提出一系列建议。

2018 年初，意大利詹蒂洛尼（Gentiloni）政府激活红色按钮服务，直接在邮政警察的网站上举报假新闻。举报手续很简单：登录以后，点击“线上举报”按钮，举报的网站是 http://www.commissariatodips.it 。

专业的团队用专业的技术和软件来分析处理这些举报，他们来自于意大利反计算机犯罪、保护重要基础设施中心（CNAIPIC）。

根据查证的结果，警察联系线上平台的运营者，最后对内容做模糊化处理，通过网站和制度性社会渠道否定已被验证为虚假的新闻或内容。如果有涉及犯罪的情况浮现，警察就把制假行为移交司法部门处理。

然而，如果没有具体的规则来明确规范假新闻的分析和识别过程，那就会造成审查制度的风险，就可能限制人们的表达自由（Pitruzzella, Pollicino, and Quintarelli, 2017）。

都灵大学宪法学教授佛朗哥·皮泽蒂（Franco Pizzetti）评述道：

> 说实在的，听说要回归参与性安保（participatory security），我就不寒而栗。基本上，那种安全措施邀请公民告发（或抱怨），以保护无争议的价值，却没有任何具体关于如何去保护的规定，并使之合法化。实际上，这里的问题并不是谴责犯罪的问题，只不过是有人相信，一条或多条新闻是虚假的，无论它们是否像病毒那样传播……这个条例草案未能给出，也不能给出假新闻的实质性概念，只给了一个泛泛的、预设的行为虚假性；面对这一事实，我更加感到不寒而栗。（2018）

第二节　如何在假新闻世界里生存：网络的作用

上面几段话强调用法律阻止假新闻的若干困难。这就促使许多研究团队采取行动去辨认和反制网络上流传的假新闻。它们创建了一种新秀，即上文提及的“事实核查员”（fact-checker）或“新闻认证员”（news verifier）（Jacomella, 2017）。什么（谁）是“事实核查员”呢？一句话，负责验证社交媒体上的新闻真伪的个人或组织。

美国的杜克记者实验室（Duke Reporters' Lab）专事假新闻的分析，据它最新的研究报告，有分布在53个国家的149个团队或个人，其任务是搜集、评估和讨论假新闻的内容。报告确认，意大利有三家：（1）“政治记分牌”（Pagella Politica）是事实核查网站，特别核查意大利政客的言论；独立杂志《声音》（*La Voce*）批评并深度分析国家的主要经济、政治、社会问题；意大利新闻社（Agenzia giornalistica Italia）每天为媒体和公司发布新闻通讯。

“政治记分牌”是国际事实核查网（International Fact-Checking Network）的组成部分，它是由波因特媒体研究院（Poynter Institute for Media Studies）主持的全球事实核查网络，总部驻美国。国际事实核查网组建于2015年，团结一切愿意分享共同伦理规范的事实核查员。国际事实核查网还被脸书和谷歌新闻用于评估令人生疑的新闻并反制假新闻。比如，在脸书“新闻”页面上，被至少一个事实核查员视为假新闻的条目将被置于较低的位置，其能见度就大大降低。接着，如果事实核查员发表文章为新闻提供了更多的信息，那些文章会立即紧跟在原始新闻报道之下发布。最后，国际事实核查网会向那些个人用户或网管发出通知——他们尝试分享或已经分享被事实核查员认定的假新闻。

谷歌新闻用另一种做法。当它确认至少被一个事实核查员判定的假新闻时，它立即在假新闻条目下贴上“核查”的标签，标签指向事实核查员分析的文本。

还有其他几家意大利网站提供事实核查服务：最著名的有被称为“BUTAC”的四家：布法尔网（Bufale un tanto al chilo）、水牛网（Bufale.net）、布法罗百科网（Bufalopedia）和大卫·普恩特（David Puente）的博客。

此外，几种浏览器应用程序兴起——最受欢迎的一种是为谷歌浏览器（Google Chrome）服务的新闻破解器（NewsCracker）。它用人工智能系统自动确认假新闻。

第三节 如何在假新闻世界里生存：个人的作用

最后，防御假新闻的主要元素始终是个人；通过使用批判精神，个人区分何为真、何为假。同样，这里也会出现一些问题。

第一个问题我们已经看到：社交媒体养成行为上瘾（behavioral addiction）。最明显的后果之一是“害怕错过”综合征（Fear of Missing Out syndrome），也是害怕“被阻隔”，这是许多社交媒体用户典型的特征（Przybylski et al., 2013）。这样的后果令人注目。玛丽·米克（Mary Meeker）展现互联网趋势研究成果，回想那样的情景：智能手机使用者平均每天查看手机 150 次，每 6 分 30 秒钟就看一次。[①]

我们如何与社交媒体上的行为成瘾做斗争呢？心理学家托尼诺·坎泰尔米（Tonino Cantelmi）认为，关键要素是元认知缺陷，无力停止并反思自己行为的意义（Cantelmi, Lambiase, and Sessa 2004; Cantelmi, Toro, and Talli, 2010）。坎泰尔米等（Cantelmi, Lambiase, and Sessa）解释说：

> 成人具有元认知能力，即监控自己意识经验内容的能力，以至于确认其内容为离散的心理状态（情绪、感情、思想、记忆、意见、期望、幻想），这是童年期开始的心智理论发展的延续……如果元认知监察不足，人就会失去调控自己行为和情绪的能力。因此，个人就不能过上令人满意的生活，体会不到有意义的胜任感，不能为有意义生活的实现绘制蓝图……于是，个人就找不到出路，越来越失去为生活定向和约束的能力，越来越不由自主地转向给予他幻象的行为，仿佛这样的转向能满足他的诸多需求：愉悦、控制、权力、人际关系、生活的意义和个人的价值。（2004, pp. 21–23）

简单地说，行为成瘾就像是主体人继续激活自动驾驶，被带到那个同

---

① 米克（M. Meeker）《2017 年互联网趋势》（*Internet trends* 2017），http://www.kpcb.com/internet-trends，访问日期：2017 年 5 月 31 日。

样错误的方向。从这个观点看问题，打破这恶性循环的基本要素是忽略自动驾驶的决定，并自问，什么方向才是正确的方向。

理论上说，这并不困难。然而实际上，这意味着，你要有能力寻找到平日习惯性的时间和空间。不看社交媒体，或关闭手机。怎么办呢？吊诡的是，技术能助我们一臂之力。第一步是了解我们实际多大程度上用手机。就苹果手机而言，可以下载应用 Moment；至于安卓手机，可用 Phone Usage 应用。这两种应用软件使我们能查看我们每天平均用手机的时长，以及使用手机做了什么。如果一个星期内每天平均超过三个小时，就要想办法减少时间。另一个应用软件是“Forest”（树林）。这个系统很简单：种子会在虚拟公园里播下，逐渐长成树木。如果在播种期间，你有一段时间离开这个软件去做其他的事情，树苗就枯萎死去。除了促使你集中注意力以外，这个软件还帮助你获得元认知能力，这是了解自己行为所必需的能力：在几个星期里，我们将拥有一片真正的树林，既有绿树，也有枯木。如果我们尊重时机，我们会有一片绿色的树林，否则枯木就会接管一切。

除了启动一个变革过程之外，这种应用软件的成功产生了一种可观的正面效应。正如哥本哈根的“幸福研究所”（Happiness Research Institute）的研究所示，暂停使用社交媒体一个星期也会大大改善生活质量，甚至提高社会关系的质量（Tromholt, 2015）。

两项不同的研究的结果指出了第二个问题。有上文介绍过的德摩斯－库普调查（Demos-Coop survey），以及多克萨调查（Doxa survey），它探索意大利与假新闻的关系。两种研究都显示，至少 50% 的人过去一年在互联网和社交媒体上读到的新闻里，至少有一条当时被视为真实的新闻后来被证明是假新闻。

我们知道那是为什么。一方面，我们分析社交媒体墙上拥挤不堪的帖子所花的时间越来越少：每条平均 8 秒。另一方面，我们被锁定在社交媒体造成的社交筒仓里了。

青少年的情况更是这样。ASSIRM 的研究报告《年轻骄子如何获取（虚假）信息》[*L'élite dei giovani (dis)informati*] 探索 1200 余位意大利大学生的媒体消费习惯，研究结果是无情的：65% 的样本确认数字世界（社交媒体、线上新闻和门户网站）是获取信息的参考源；接下来是电视，占 31%。报纸几乎无影无踪，只有 2% 的大学生用报纸，而社交媒体占 41%，是用得最多的工具。

这些数据意味着什么？斯坦福大学最近针对将近 8000 名大学生的研究做出了解释：如果没有适当的训练，大学生就不能有效地区分真假新闻。在这一点上，报告的结论很清楚：总体上，年轻人对网上信息进行推断的能力可用一个字来概括——凄凉。我们的数字原住民能在脸书和推特之间切换，同时又在 Instagram 墙上贴一张自拍照而且给一个朋友发短信。但说到评估社交媒体渠道的信息时，他们却很容易上当受骗（Wineburg et al., 2016）。

对这种情况的认识促使一些机构开发出一套基础规则，常常针对年轻网民设计，用来共建和共享线上交流的文化，以培养思想的整合和传播。

脸书推出了一套初步的规制，由它与数字世界基金会（Fondazione Mondo Digitale）共同研制。

（1）不相信引起轰动的头条新闻：假新闻常常用大标题，全部用大写字母，大量使用惊叹号。如果标题里的惊叹号显得夸张，那大概就是假新闻。

（2）仔细审核网址：如果是虚假网址或看起来很像声誉好的网址，那就说明其新闻是虚假的。许多假新闻网站假装成正规的网站，仅仅对真实网站做了最低限度的改动。你可以访问真实的网站，将其与令人生疑的网站进行比较。

（3）研究写新闻的是谁：确保写新闻的是你信赖的人，有值得信赖的声誉。如果新闻来自于你不知道的组织，核查网页上的“关于”栏，以发现更多的信息。

（4）注意网页的格式：许多假新闻网站的设计奇怪，文字排印错误多。如果你看见这些特征，阅读时就要小心。

（5）注意数字内容：假新闻常含有经过修描的图片和视频。有时，图片可能正宗，但脱离了语境。你可以研究图像或照片，以验证其源头。

（6）核查日期：假新闻故事的日期可能是错误的，其时间顺序可能没有意义。

（7）核查证据：核查作者来源，确保其可靠性。缺少证据或提到不明专家就可能说明，那新闻是假的。

（8）看看其他源头是否报道了同样的新闻：如果其他源头都没有报道同样的事件，那新闻就可能是假的。如果新闻来自于你认为可靠的源头，那更可能是真的。

（9）新闻可能是玩笑：有时难以区分假新闻和讽刺搞笑的东西。核查它是否来自于以戏仿而闻名的源头，看看其细节和语气是否显示了幽默的目的。

（10）有些行为是故意作假的：阅读线上新闻时要用批判技能，只有在不怀疑其真实性的情况下，你才能去分享它。

第二套规则清单有几条与第一套规制中的几个元素交叠。这个规则清单由意大利众议院（Chamber of Deputies）科研部的 #BastaBufale 项目开发，伴有一套公众遵守的规则。

（1）只分享你已经验证后的新闻。

传播假新闻、甚至从假新闻的流通里获利的人都指望我们本能地分享假新闻，希望我们不会仔细考虑。他们期待我们被引导去相信，只要是来自我们认识的人，新闻就是真的。如果我们没有确信新闻是否真实就分享了这一新闻，我们就为错误信息无受控的流通助了一臂之力，就可能危害社会、危及普通人。因此，如果尚未核查，你就不要分享新闻，不要被假新闻愚弄。

（2）用互联网上的工具去验证新闻。

寻找每条新闻的发布人和传递人，核查它是否来自权威的出处。仔细看发布新闻的网站，也许它是一个著名网站的错误读音或戏仿，那是刻意愚弄你的。用搜索引擎核查照片的真实性和日期：也许照片是真的，但它所指的是另一个过往事件。

记住，在社交媒体上，你总是可以核查视频上传的日期和时间。搜寻新闻的初始来源，在搜索引擎上键入新闻里提及的引语、人名、地名去追寻。只需敲击几次就足以阻止骗局。

（3）追问来源和证据。

任何新闻都要核查是谁发布的，如何呈现的。审核那条新闻是否标明了数据的来源、日期和发生的确切地点。如果没有，也许这个新闻是假的或错误的。向任何人求源头是你的权利：要去执行它。凡是不回答的人大概都有隐瞒的东西，都不值得你信任。

（4）求助有学识的人或能干的实体。

互联网上充斥着万事通或假装的万事通。连记者有时也会出错。核查新闻发布者是否真是知情者，寻找你知道的线上线下专家，请他们进行独立的确认。

（5）记住，互联网和社交媒体也是可以操纵的。

互联网是很好的机会，是重要的知识工具，但有许多组织和骗子利用强大的工具去制造队伍庞大的粉丝，去编造“喜欢”、播种假新闻，目的是赚钱或操纵舆论。不要因为你喜欢他们说的话就信赖不认识的人，因为他们未必说真话。

（6）识别各种类型和风格的假新闻。

许多人发布假新闻或经过操纵的新闻，或故意，或误传：他们寻找名人、不正确的广告商、蛊惑者、煽动者，或头脑简单、能力不强的网络用户。你常常可以识别他们，因为他们用戏剧性的、惊悚性的标题，用许多惊叹号，夸大其词，说一些难以置信的事情，或在页面上遍布广告，令人迷惑。

（7）你很有权力，利用好它。

你的点击，你标注的“喜欢”，你分享的东西，都可能变成假新闻编造者赚的钱：每次用社交媒体时都务必记住这一点。最重要的是，传播或分享假新闻都可能产生严重后果：引起恐吓、诋毁、羞辱，激起仇恨和暴力，或制造不必要的焦虑。谎言一旦发布出去，就停不下来了。

（8）树立好榜样：不抱怨黑暗，而是打开灯。

创建一个社交页面、博客或网站，报道你发现的假新闻，说明你是如何将其曝光的。从好新闻的风格中吸收灵感。这有助于你和你的读者理解好新闻是如何降生、为何降生的，如何讲述、如何批评的，你不必大呼小叫，也不必侮辱人。这将是你从事新闻的训练场，你的工作将在搜索引擎里露面，将帮助其他人不被假新闻愚弄。

第三套规则是为教师提供的，不止短短几条。

这套规则不限于假新闻的识别，而是推广到了一般的线上交流，由 Parole O_Stili 公司开发。这是一个社交项目，旨在提高人们提防语词暴力的觉悟。

分析的对象和马特奥·格兰迪（Matteo Grandi, 2017）提议的分析对象相同：假新闻是这样一种文化语境的产物，它使社交媒体成为发泄仇恨和负面情绪的地方，不守规则。格兰迪的分析很清楚：

> 最后说说简单的事实：假新闻使人陶醉于口舌之辩，使人听不到夹带着种族主义余味的、歧视性的和反科学的谎言——不用丝毫怀疑。响亮的错觉、肤浅的认知和数字文化的匮乏把这个虚拟的下水道粘合在一起：网络用户里弥漫着一个理念，即互联网是自由地带，这个网

络远在天边，没有规矩，一切合理；没有惩戒，自己动手伸张正义可能更实际。（Matteo Grandi, 2017, p. 2）

为了指引社交媒体用户走向更有觉悟和更合作的交流形式，Parole O_Stili 公司提出并共享一个非敌意交流（non-hostile communication）宣言，含十大原则。“宣言”是网络征集 250 条提议的结果，经整理制定成 23 条风格原则，在该公司网站上交由线上投票。前六条原则是这个过程的结果，后四条是 100 位有影响力的人士议定的，这些代表来自学术界、新闻界和社会机构，他们一开始就在支持这个研究项目。下面是最后确定的十大原则[①]：

（1）虚拟即真实。在线上我只言说和书写那些我有勇气当面说的话。

（2）你即是你表达的形象。我自述所选用的语词是真实的：它们代表我自己。

（3）语词形塑思想。我始终选用我所需要表达我思想的最佳语词。

（4）说话之前，我一定倾听。没有人一贯正确，我也不行。我以诚恳而开放的态度倾听。

（5）语词是桥梁。我挑选语词去理解他人、去把自己的意思说清楚、去贴近他人。

（6）语词产生后果。我知道我说的每句话都产生后果，或大或小。

（7）分享是责任。我只分享我阅读、评估和理解的文本和图像。

（8）思想是可以讨论的。人人都必须受到尊重。有人会支持我并不赞同的意见，我不会把他们变成必须摧毁的敌人。

① 见 http://paroleostili.com/manifesto/。

（9）侮辱不是争论。我不接受侮辱和攻击，即使它们赞成我的论点。

（10）当最佳选择是沉默时，我保持沉默。

从以上十大原则出发，ParoleO_Stili 公司设计了一些练习题，供中小学老师选用。目标是用于学生提高网上交流的能力，包括识别假新闻的能力。

第四节　本章小结

显然，抵御假新闻的最后堡垒仍然是践行批判精神的能力。但为此目的，思想是需要自由流通的。此刻，在社交媒体内，自由流通并未发生。我们如何保护自己呢?

我们看到，若要回答这个问题，那就需要在三个层次上采取行动。第一个是在制度层面，用现存的或新建的规则来调控访问和使用个人数据的方式，以及惩罚假新闻的编造者。欧洲《通用数据保护条例》（*General Data Protection Regulation/GDPR*）在管理个人数据方面发挥了重要作用。即便如此，我们却只能用诽谤罪对假新闻的编造者提起诉讼，借以保护自己，但诽谤罪是过往时代设计的，针对的是其他语境。

第二个干预层次是网络。通过专用的过滤器即“事实核查员”，这个层次的干预能帮助脸书和其他社交媒体识别假新闻。

最后一个干预层次是个人用户，个人能够从三个方面保护自己。首先是减少行为上瘾，目前上瘾的表现是：智能手机使用者每天平均查看手机 150 次，平均每 6 分钟看一次。只有摆脱这一回路，停下来反思自己行为的意义才成为可能。同时，我们需要更小心谨慎注意社交网络上发现的东西，需要足够的训练去识别假新闻的特征。年轻人更需要这样的训练。实际上，虽然每天平均上网 6 个小时，他们却不能评估社交媒体渠道中信息的质量。

结语

近来，“假新闻”一词强势进入了政治和文化论辩，以及我们社交媒体的日常经验：在今天的意大利，媒体平均每天生成600条假新闻，每条平均被分享350次。

然而，尽管文化、传播、经济、政治出现了重大的变化，对假新闻的研究尚未成为科学研究的优先对象。近年的一期《科学》杂志强调指出，我们尚不清楚约束假新闻过程和影响的机制：“假新闻的崛起凸显出，互联网上抗衡虚假信息的经典性制度堡垒被侵蚀了。对这个问题的关切传遍全球。不过我们仍然不太了解，在互联网时代……个人、机构和社会面对恶意行为者的操弄所暴露出来的脆弱性究竟是什么。”（Lazer et al., 2018）

本书旨在向假新闻现象的科学分析迈出第一步。我们提出的反思源于两个不同领域的研究。

首先是“网络科学”（science of networks）。这门新学科的目标是理解社会聚集的特性及变异方式（Barabasi, 2004, 2011; Buchanan, 2003; Christakis and Fowler, 2009）。其次是“赛博心理学”。这是心理学的一个新领域，旨在研究、理解、预测和激活变化的过程，变化的源头是新传播媒体的互动（Riva, 2012）。

从这些学科的反思出发，本书试图回答三个问题。

（1）“假新闻”一词仅仅是界定“虚假信息”过程的一种新方式吗？须知，“假信息”对人的误导长期以来总是存在于政治斗争中的。

（2）否则，什么样的技术机制和心理机制使假新闻的降生和扩散成为可能？

（3）最后，我们如何自卫，不受假新闻侵害呢？

我们从第一个问题开始。无疑，假新闻的利用和历史一样悠久。

人类史上最早的一个虚假信息的例子是斯巴达国王帕萨尼亚斯致波斯国王薛西斯的一封假信，写于公元前 400 多年。然而，现代意义上的假新闻却降生在 19 世纪末的美国，用来描绘编造的故事，通常是在政界，意在损害一个人或一个机构。2016 年的美国大选时，这个词才走红，最后导致唐纳德 · 特朗普出人意料地胜出（Merriam-Webster, 2017）。

第一章重建现代假新闻的历史，说明它可以被视为一种新形式的、非常规战的主要武器。这种新战争名曰“心理信息战”，把传播学理论与心理学理论混合起来，以达成虚假信息的目标：刻意传播不准确、被扭曲的新闻或信息，以影响他人的行为和选择。

最后的结果令人吃惊：假新闻能影响主体人和社会群体，其速度和使人卷入的程度在虚假信息的历史上闻所未闻。实际上，它们不仅修正主体人对现实的感知——假新闻也是现实，而且能影响主体人，推动他自发地、参与式地实时分享假新闻。为此目的，从传播的观点看问题，假新闻有如下特征：

（1）它们被最优化，以生成强烈的、调动读者的情感回应：从传播的观点看问题，假新闻的主要目的是激起膝式反射式的情感回应，通常是愤怒，足以推动读者行动并做出选择。

（2）它们被人格化：根据群体的心理特征和社会特征编造，以目标群体为对象，把虚假的内容与真正发生过且与主题相关的事件或事实联系起来，或与目标群体的具体宣示或真实需求联系起来。

（3）它们被自动化：为了让假新闻在最流行的新闻中露面，从而进入许多读者的家庭，它们用成千上万的自动程序即计算机程序，使之与响应需求而分享假新闻的社会形象联系起来。

（4）它们用多媒体的形式和内容编造，促进在社交网络里扩散并开花结果：为此，它们主要用视觉呈现，常带有叠加文字的图像，配以简短的文案，不需要用户高度注意，智能手机上也看得清。

（5）在多媒体形式和内容方面，它们被编造得看上去真实：这就是为什么它们在名称和图样风格上都模仿在线报纸和权威网站。

这五大特征足以描绘假新闻，却不足以解释其有效性。我们看到，假新闻比真新闻的传播速度快 6 倍，假新闻可能会被人分享（Vosoughi, Roy, and Aral, 2018）。为什么？

答案源于对技术机制和心理机制的分析，这些机制使假新闻的出现和传播成为可能。

第二章以“事实”的概念破题。我们看到，有两类事实：“事实”和“社会事实”。

“事实”是已为人之的事件：比如“hello”一词由 5 个字母组成。

相反，“社会事实”的证据依靠社会网络的活动。比如，读医科需要升学考试，这就是“社会事实”。实际上，强制学生参加入学考试并不是一个客观事实——许多国家没有这样的强制考试，意大利的入学考试也是 20 世纪 90 年代才实施的——强制学生参加入学考试只不过是彼时政府的一群工作人员的选择，这是他们的决定。

指引主体人做决定时，哪一种事实更重要，是“事实”还是“社会事实”？答案是，社会事实更重要。它们被赋予强制力，而强制力源于我们每个人感觉自己属于一个群体的重要性。这种强制力和四种因素相联系：群体与主体社会身份的相关性，论题对主体的重要性和相关性，支持选择的群体的大小，群体内的冲突缺失。

“事实”概念的分析表明了有效假新闻建构的第一要素：把假新闻变成“社会事实”，得到尽可能多的网络成员支持。实际上，如果假新闻成为社会事实，那就可能产生三种后果。如果主体将假新闻内化，他 / 她就会真诚地支持其真实性。如果主体不将假新闻内化，却又害怕社会评判，他 / 她就会规避唱反调，唯恐产生反面的效果。第三种可能性是，只有不害怕社会评判的人，或感觉自己的批评得到了支持的人，才会去干预，并挑战假新闻的内容。

但社会事实并非千篇一律。它们继而分为“制度性社会事实”和“情景化社会事实”。医科升学考试是制度性社会事实的例子，它们是机构明白创制的，给某物或某人赋予原本不拥有的特别地位：考试及格的人可升入医学院深造。相反，情景化社会事实是某一社会群体——“实践性社群”暗暗生造的，旨在使群体所有成员达到一个共同的目标。“实践性社群”的例子有：一群应考的学生，一群轮流接孩子回家的妈妈，一群扮演厨师的小姑娘。

实践性社群有三个基本特征：共同的承诺，共同的规划，共享的解释性资源。这三个因子生成情景化社会事实，将其视为共享的信念、目标和知识，这是隐蔽、叙事和情景化学习的结果，旨在成为社群成员并以成员的身份行事。比如，对情景化社会事实的一群学生而言，最好是读第一本教材而不是第二本教材，因为老师讲课说第一本书的时候比较多，提及第二本书的时候比较少；对妈妈群组而言，星期五接孩子要晚一个小时，因为孩子还要上一节英语课；对小姑娘的群组而言，扮演烹饪的时候，她们只能做甜食。更准确地说，学习情景化社会事实的过程是完成互补、互融两个过程的结果。一是参与过程：要求积极介入，与所属的群组认同；一是具体化过程：情景化事实具体化，形成明确的规则和人工制品，借以协调将来的行为，给新的事件赋予意义。

我们已经说明，假新闻的特点是力图将自己转变为社会事实。把假新闻转变为什么社会事实呢？把假新闻转变为制度性社会事实是可能的，我们已经看到这样的转变；例子有雅利安种族的优越性，纳粹将其强加于人，使之成为社会事实，不过，这样的转变非常复杂，只会发生在专制国家或威权主义国家。

相反，现代假新闻采用的策略是把自己打扮成情景化社会事实。在线下世界里，这样的策略绝无可能。现存的实践性社群数以百万计，一个社群常由数十个主体人组成。他们必须有一个代理人——不止于此。一方面，代理人必须能理解社群成员的人格和动机；另一方面，代理人必须要参与社群里的互动，用搜集来的信息把假新闻当作事实提出来，将其置于和社群直接相关的地位，使之与社群成员的心理一致。

相反，在数字世界里，社交媒体的出现与流布使贯彻这样的策略成为可能。不过在很长一段时间里，罕有人了解这样的情况。尤为重要的是，社交媒体产生的两种变革支撑着假新闻的有效性。首先，它们造成了一种混杂的社会空间——交互现实（interreality），它混合了数字世界和物理世界，把我们在社交媒体上的一切行为都转化为或隐或显的社会比较和建设的过程。其次，社交媒体把实践性社群转化为“聪明的暴民”，它们用数字媒体更快更好地达成社群的共同事务。

社交媒体给实践性社群赋予一个重要的优势，使数以百万计的用户合作，奔向共同的目标，既不必生成一个内部结构去控制这些人发挥的作用，也不必生成他们地位上的差异：在聪明暴民里，人人尽力。反过来，这样的情况使制度去中介化，使聪明的暴民达成自己的目标，同时造成情景化的社会事实，并使之与制度性社会事实展开竞争。

我们在第三章里看到，最早理解并实施这一潜能的玩家是共享经济的参与者，比如优步和爱彼迎。他们自称大型数字实践性社群，使成员能获取职业身份——爱彼迎的业主相当于房东，优步的低端车司机相当于出租车司机——却不必经过制度及其约束的认证。

聪明暴民能生成去中介化，还能生成新型专业形象——网红。这些人受欢迎，能创建围绕自己的数字实践性社群，社群又反过来认可他们的影响力。

和过去相比，这样的变化很激进：从必须真人现身到只需形象“在场”。在交互现实形成以前，“红人”依靠一系列的品质和技能，比如：我是著名的橄榄球手，因为我擅长打球；我是著名演员，因为我擅长表演；

我是著名的模特，因为我很漂亮又优雅。现在的情况不一样了，地位的差别要靠生成实践性社群的能力，形成众星捧月之势。如此，即使我没有特殊的技能，如果我的所作所为吸引了一个粉丝的网络，我也可以成为一个网红，并因此而走红，比如：我很有趣，因为我讨人喜欢，因为我和这群人相似，或与其相反。

我们在第三章里看到，用一个类似的机制，我也能编造假新闻。起初，我启动一个实践性社群，网罗我想达到一个共同目标的一群人。比如，我在实践性社群里聚集极右的同情者，其目标是捍卫家庭和传统价值。此外，在社群里培养一些重要人物、有影响力的人，他们用自己的评语团结许多社群成员。然后，我把假新闻包装为社会事实，使之与我们的共同目标的成败直接相关。我告诉大家，蒂齐奥（Tizio）及其群体 / 政党用他的行为挑战这些价值。我讲述的方式使读者气愤和厌恶。又比如，我这个社群不会把选票投给特朗普，因为他的行为太放荡，于是我编造假新闻说，希拉里·克林顿声称支持传统价值，却秘密地去望黑弥撒，那里有淫秽的表演。我想办法让社群里的网红发表评论，对她表示强烈的鄙视，我还数落她不符合社群价值的其他行为，压制任何可能不同的声音。末了，社群成员就会出于信仰而支持和捍卫我这条假新闻。

实际上，这一机制的有效性取决于以下条件：

（1）假新闻的建构意在反映社群成员的目标、兴趣和人格；

（2）足够多的社群成员看到了假新闻；

（3）社群成员没有注意到，新闻是假的；

（4）社群里的其他新闻和假新闻的内容不太抵触；

（5）社群成员在群外寻求信息的人不多。

纸面上，这些条件似乎难以实现。实际上，正如我们在第四章所见，情况并不是这样的。相反，社交媒体的特征使这些条件容易达成。首先，社交媒体的建构正是为了易于分析用户的兴趣和行为。通过他们的兴趣和行为，重建他们的人格就成为可能了：正如米哈尔·科辛斯基（Michal Kosinski）所示，十来个“喜欢”足以获取类似一位同事的人格形象，70个“喜欢”足以和一位密友或同伴的人格形象类似，150个“喜欢”足以类似于一位家人的人格形象，300个“喜欢”足以类似于配偶的人格形象。

通过这样的数据，社交媒体把用户圈定在“社交筒仓”（social silos）里，这是具有类似社会特征的用户的容器，是广告的目标受众。构建社交筒仓的手段是：用挑选内容的无形算法，往往排除与用户口味不完全相符的内容；生成真实的行为成瘾，促使用户始终在社交网络里逗留。

社交媒体用更高的能见度所奖赏的，与其说是真新闻，不如说是最流行的新闻。如今，用户的趋势是对社交媒体内容的注意越来越短暂。15年之内，我们对每一内容注意的时长从12秒降低到8秒，修改数字内容变得容易了，而缺乏经验的用户却注意不到。如果在社交筒仓里再加上注意力减弱的趋势，毫无疑问，社交媒体的确代表着编造和分享假新闻的理想语境。

我们如何自卫呢？第五章尝试回答这个问题，我们建议在三个层次上实施整合的干预。

第一个干预层次是制度，关于如何获取和使用个人数据，我们必须去规制，并惩罚假新闻的编造者。

新的《欧盟数据保护条例》在2018年5月25日生效。这是第一个层次的有效回应：如果它早一点实施，剑桥分析公司（Cambridge Analytica）把脸书搜集的数据用于政治劝说的事件本来是可以避免的。另一方面，有效惩罚的可能性仍然是关键所在：意大利的管制语境是控以诽谤罪，但那是以前制定的条例，只适用于其他语境。假新闻编造者身份不明或身处国外时，这样的条例并不是很有效。此刻，最有效的是脸书的策略，它索性把这些人在社交网络上的资料和内容删除。

第二个干预层次是网络。通过专门的人物——事实核查员——有助于社交媒体管理者和用户识别假新闻。主要的事实核查人员集合在国际事实核查网（International Fact-Checking Network），这个全球网总部设在美国，使愿意分享相同伦理的事实核查人员济济一堂。脸书和谷歌新闻用国际事实核查网去评估令人生疑的新闻，防止假新闻。

最后一个干预层次是个人用户，他们可以用三种办法自卫。第一是减少行为依赖症：智能手机用户平均每天查手机 150 次。第二是更谨慎对待社交媒体上看到的结果。最后，经过充分的训练，使自己能识别假新闻特征的信号。我们在第五章里看到，有些指引和材料有所帮助，对年轻人避免错误尤其有帮助。

实际上，年轻人每天上网平均 6 个小时，如果没有适当的培训，他们就不能评估社交媒体渠道里流通信息的质量。

但谁来负责这样的培训呢？家庭吗？学校吗？抑或是个体的用户？

大多数用户或父母都认为，假新闻是个问题，但此刻负责培训的却不是他们，感谢 ParoleO_ Stili 或 Factcheckers.it1 等组织的辅助活动，培训工作几乎完全委派给学校了。而且，数字技能的学习业已进入中学的技术课程与计算机科学课程（Pinotti, 2017）。

这够不够呢？我个人认为还不够。

从历史观点看问题，社交媒体用户的处境酷似 19 世纪末汽车驾驶人的处境：若要开车，你就必须买车。今天发生的事情相同，若要进入社交媒体，你就必须在社交网络上有个人的形象资料。

我们知道老式车驾驶人遭遇到什么。首批汽车早在 1860 年就上路了，不熟练的或鲁莽的驾驶人造成的事故和问题呈指数级增长。差不多在没有管制的情况下行驶了 40 年以后，意大利王国于 1901 年 7 月 28 日才批准了汽车在普通公路上行驶的管制条例，之后的驾驶者经土木工程局考试合格后才允许开车（Chianca, 2013）。

也许，我们今天需要相同的东西：有了认证机构签发的“许可证”，才能用社交媒体。如果 14 岁少年学习交通规则拿到驾照后才能开摩托车不是个问题，那么，同样的规则适用于想进入社交网络的少年（比如，进入社交媒体的最低年龄是 13 岁，用 WhatsApp 应用程序的最低年龄是 16 岁）。

参考文献

[1] Abbruzzese, J. (2017). Facebook's editor-free trending topics already surfaced a fake news story, in "Mashable," August 29, https://mashable.com/2016/2008/2029/facebook-trending-topics-fake-megyn-kelly-story/

[2] Alberoni, F. (1977). *Movement and Institution*, Bologna, Il Mulino.

[3] Alter, A. (2017). *Irresistible. How to say no to the slavery of technology*, Florence, Giunti.

[4] Aronson, A., Wilson, T.D., and Akert, R.M. (2013). *Social psychology*, Bologna, Il Mulino.

[5] Asch, S.E. (1956). *Studies of independence and conformity: I. A minority of one against a unanimous majority*, in "Psychological Monographs: General and Applied," 70, 9, pp. 1-70.

[6] Bakshy, E., Messing, S., and Adamic, L. A. (2015). *Exposure to ideologically diverse news and opinion on Facebook*, in Science, 348, 6239, pp. 1130-1132. Barabasi, A.L. 2004 Link. The science of networks, Turin, Einaudi.

[7] Baratta, L. (2017). *How to become Chiara Ferragni*, in "Linkiesta", May 13, http://www.linkiesta.it/it/article/2017/05/13/come-si-di-venta-chiara-ferragni/34152/.

[8] Barron, J. (1974). *KGB: The Secret Work of the Soviet Secret Agents*, New York, Bantam Books.

[9] Belloni, A. (2017). *Uberization. The global power of disintermediation: What to*

do so that a useful tool does not become an ideology, Milan, Egea.

[10] Bergoglio, J.M. (2018). *Social Communications. The Pope's message on truth, fake news and peace journalism*, in "Avvenire," January 24, https://www.avvenire.it/papa/pagine/messaggio-comunica-Social Communications.

[11] Boccia Artieri, G. (2013). *States of connection. Public, citizens and consumers in the (Social) Network Society*, Milan, Franco Angeli.

[12] Boyd, D.M. and Ellison, N.B. (2007). *Social network sites: definition, history, and scholarship*, in Journal of Computer-Mediated Communication, 13, 1, Article 11, http://jcmc.indiana.edu/vol13/issue11/ boyd.ellison.html.

[13] Brooks, D. (2017). *How evil is tech?*, in "The New York Times," 20 novembre, https://www.nytimes.com/2017/2011/2020/opinion/how-evil-is-tech.html.

[14] Buchanan, M. (2003). N*exus. The revolutionary theory of networks*, Milan, Mondadori.

[15] Cadwalladr, C. (2018). *The Cambridge Analytica files. "I created Steve Bannon's psychological warfare tool": Meet the data war whistleblower*, in The Guardian, 17 March, https://www. theguardian.com/news/2018/mar/2017/data-war-whistleblower-christopher-wylie-faceook-nix-bannon-trump.

[16] Cadwalladr, C. and Graham-Harrison, E. (2018a). *Cambridge Analytica: Links to Moscow oil firm and St Petersburg university*, in "The Guardian," March 17, https://www.theguardian.com/news/2018/mar/2017/ cambridge-analytica-facebook-influence-us-election. 2018b Revealed: 50 million Facebook profiles harvested for Cambridge Analytica in major data breach, in "The Guardian," March 17, https://www.theguardian.com/180 news/2018/mar/2017/cambridge-analytica-facebook-influence-us-election.

[17] Caliskan, A., Bryson, J.J. and Narayanan, A. (2017). *Semantics derived automatically from language corpora.contain human-like biases*, in Science, 356, 6334, pp.183-186.

[18] Canfora, L. (2008). *La storia falsa*, Milan, RCS Libri.

[19] Cantelmi, T., Lambiase, E. and Sessa, A. (2004). *Behavioral addictions*, in

Psychobjective, 2,pp. 13-28.

[20] Cantelmi, T., Toro, M.B. and Talli, M. (2010). *Avatar: mental dislocations, techno-mediated personalities,autistic drifts and out-of-control behavior*, Rome, Magi. Caprara, G.V., Barbaranelli, C., Borgogni, L. and Vecchione, M. 2008 BFQ-Big Five Questionnaire 2, Firenze, Giunti Organiz-Special Organizations.

[21] Casaleggio, D. (2018). *A top leader of Italy's Five Star Movement: Why we won*, March 19, https://www.washingtonpost.com/news/the-worldpost/wp/2018/2003/2019/five-star/.

[22] Chen, A. (2015). *The Agency. From a nondescript office building in St. Petersburg, Russia, an army of well-paid "trolls" has tried to wreak havoc all around the Internet - and in real-life American communities*, in "The New York Times Magazine", June 2, https://www.nytimes.com/2015/06/07/magazine/the-agency.html.

[23] Chianca, R. (2013). *The history of Italian driver's licenses*, in "Il Centauro",166, pp. 6-14.

[24] Chiarle, D. (ed.) (2012). *Le Pasquinate, ovvero la Grande Satira. An anthology of Italian satirical verses of great authors from antiquity to Trilussa*, Rome, Huskarl.

[25] Chiusi, F. (2017). *Facebook user make smart: "In a world mediato from the digital, everything becomes marketing"*, in "L'E-spresso", September 22, http://espresso.repub-181 blica.it/visioni/2017/2009/2015/news/utente-fattifurbo-2011.310127.

[26] Christakis, N. A. and Fowler, J. H. (2009). *Connected. The Surprising Power of Our Social Networks and How They Shape Our Lives*, New York, Little, Brown and Company.

[27] Cialdini, R.B. (2013). *The weapons of persuasion. How and why we end up saying yes*, Florence, Giunti.

[28] Clark, H.H. and Brennan, S.E. (1991). *Grounding in communication, in L.B. Resnick, J.M. Levine and S.D. Teasley (eds.), Perspectives on Socially Shared*

Cognition, Washington, DC, American Psychological Association, pp. 127-149.

[29] Clinton Rodham, H. (2017). *What Happened*, New York, Simon & Schuster.

[30] Collins, B. and Cox, J. (2017). *Jenna Abrams, Russia's clown troll princess, duped the mainstream media and the world*, in "Daily Beast," February 11, https://www.thedailybeast.com/jenna-abramsrussias-clown-troll-princess-duped-the-mainstream-mediaand-the-world.

[31] Constine, J. (2017). *Trump and Clinton spent $81M on US election Facebook ads, Russian agency $46K*, in "TechCrunch," November 1, https://techcrunch.com/2017/2011/2001/russian-facebook-ad-spend/.

[32] Corker, B., Risch, J.E., Rubio, M., Johnson, R., Flake, J., Gardner, C., Young, T., Barrasso, J., Isakson, J., Portman, R., Paul, R., Cardin, B.L., Menendez, R., Shaheen, J., Coons, C.A., Udall, T., Murphy, C., Kaine, T., Markey, E.J., Merkley, J., Booker, C.A., Womack, T., and Lewis, J. (2018). *Putin's Asymmetric Assault on Democracy in Russia and Europe: Implications for U.S. National Security*, Washington, DC, U.S. Government Publishing Office.

[33] Davies, B. and Harré, R. (1990). *Positioning: The discursive production of selves*, in Journal for the Theory of Social Behaviour, 20, pp. 43-63.182

[34] Di Lorenzo, G. (2014). *Disintermediation: let's get clear*, in "HuffPost," December 29, http://www.huffingtonpost.it/giulio-di-lorenzo/ disintermediation-face_b_6066654.html.

[35] Durkheim, É. (1996). *The rules of sociological method*, Milan, Edizioni di Comunità.

[36] Dwoskin, E. and Nakashima, E. (2017). Obama tried to give Zuckerberg a wake-up call over fake news on Facebook, in "Washington Post," September 24, https://www.washingtonpost.com/business/economy/ obama-tried-to-give-zuckerberg-a-wake-up-call-over-fake-news-on-facebook/2017/2009/2024/2015d 2019b2012ddac-2014ad2015-ac2016e-ef2909e2011c1284_story.html.

[37] Earle, S. (2017). *Trolls, bots and fake news: The mysterious world of social*

media manipulation, in "Newsweek," October 14, http://www. newsweek. com/trolls-bots-and-fake-news-dark-and-mysterious-world-social-media-manipulation-682155.

[38] Fabiano, P. and Gorgoni, S. (2017). *Disintermediation and new media*, Rome, Armando.

[39] Fastenau, J. (2017). Under the influence: The power of social media influencers, in "Crobox," March 6, https://medium.com/cro-box/under-the-influence-the-power-of-social-media-influencers-5192571083c5192571083.

[40] Ferraris, M. (2017). *Post-truth and other enigmas, Bologna*, Il Mulino.

[41] Foster, P. and Holehouse, M. (2016). *Russia accused of clandestine funding of European parties as US conducts major review of Vladimir Putin's strategy*, in "The Telegraph," January 16, http://www.telegraph.co.uk/news/worldnews/europe/russia/12103602/America-to-investigate-Russian-meddling-in-EU.html.

[42] Franceschini, E. (1992). *CIA-KGB, war of lies on AIDS and assassination attempt on the pope*, in "la Repubblica", March 19, p. 7.183

[43] Fredericks, B. (2016). *Hillary Clinton's losing campaign cost a record $1.2B*, in "New York Post," December 9, https://nypost. com/2016/2012/2009/hillary-clintons-losing-campaigncost-a-record-2011-2012b/.

[44] Garimberti, P. (2017). *Russia Today and Sputnik News: the Putin show has arrived*, in."il venerdì di Repubblica," April 7, http://www.repubblica.it/venerdi/articles/2017/2004/2003/news/russia_putin_propaganda_occidente_tv_rt_sputnik-162092773/.

[45] Gausby, A. (2015). *Attention Spans*, Redmond, WA, Microsoft.

[46] Gerasimov, V. (2013). *Tsennost' Nauki V Predvidenii*, in "Voenno-promyshlen-. nyi kur'er," 8, 476, pp. 1-3.

[47] Gerasimov, V. (2016). *Po opytu Sirii*, in "Voenno-promyshlennyi kur'er", 9,624, p. 4.

[48] Giacché, V. (2016). *The Factory of Falsehood. Strategies of lying in*

contemporary politica contemporanea, Reggio Emilia, Imprimatur.

[49] Giaconi, M. (2017). *Russian intelligence services: how they work. From the GRU to the SVR to the FSB the different souls of the Moscow intelligence network that President Putin puts in continuous competition*, in "Panorama," March 29, https://www.panorama.it/news/foreign/russian-secret-services-as-they-function/.

[50] Ginsberg, D. and Burke, M. (2017). *Hard questions: Is spending time on social media bad for us?*, in "Facebook," December 15, https://newsroom. fb.com/news/2017/2012/hard-questions-is-spending-.time-on-social-media-bad-for-us/.

[51] Grandi, M. (2017). *Far Web: hate, hoaxes, bullying. The dark side of social media, Milan*, Rizzoli.

[52] Grassegger, H. and Krogerus, M. (2017a). *The data that turned the world upside down*, in Vice, January 28, https://motherboard.vice.com/en_us/article/mg9vvn/how-our-likes-helped-trump-win.

[53] Grassegger, H. and Krogerus, M. (2017b). *Politics in the time of Facebook*, in "International," 1186, January 6, pp. 40-47.

[54] Grassegger, H. and Krogerus, M. (2017c). *Weaken from within*, in "New Republic," November 2, https://newrepublic.com/article/145413/weaken-with in-moscow-honing-information-age-art-war-how-free-societies-protect-themselves.

[55] Grewal, P. (2018). *Suspending Cambridge Analytica and SCL Group from Facebook*, in "Facebook," March 16, https://newsroom. fb.com/news/2018/2003/suspending-cambridge-analytica/.

[56] Halliday, J. (2010). Tim Berners-Lee: Facebook could fragment web, in "The Guardian," November 22, https://www.theguardian.com/technology/2010/nov/2022/tim-berners-lee-facebook.

[57] Harré, R. (2000). *The singularity of the self. Introduction to the psychology of the person*, Milan, Raffaello Cortina.

[58] Iacoboni, I. (2018). *The Experiment.* Inquiry into the 5 Star Movement, Rome-. Bari, Laterza.

[59] Issenberg, S. (2012). *How Obama's team used big data to rally voters*, in "MIT Technology Review," December 19, https://www.technologyreview.com/s/509026/how-obamas-team-used-big-data-to-rally-voters/.

[60] Jacomella, G. (2017). *The false and the true. Fake News: what they are, who profits from them, how to avoid them*, Milan, Feltrinelli.

[61] Kosinski, M., Stillwell, D. and Graepel, T. (2013). *Private traits and attributes are predictable from digital records of human behavior*, in Proceedings of the National Academy of Sciences, 110, 15.Academy of Sciences," 110, 15, pp. 5802-5805.

[62] Kvachkov, V. (2004). *Spetsnaz Rossii, Moscow, Voyennaya Literatura*, http://militera.lib.ru/science/kvachkov_vv/index.html.

[63] Làdavas, E. and Humility, C. (1987). *Neuropsychology*, Bologna, Il Mulino.

[64] Lapowsky, I. (2017a). *Eight revealing moments from the second day of Russia hearings*, in "Wired," November 1, https://www.wired. com/story/six-revealing-moments-from-the-second-dayof-russia-hearings/.

[65] Lapowsky, I. (2017b). *What did Cambridge Analytica really do for Trump's campaign?*, in "Wired," October 26, https://www. wired.com/story/what-did-cambridge-analytica-real ly-do-for-trumps-campaign/.

[66] Lave, J. and Wenger, E. (2006). *Situated learning. From observation to active participation in social contexts*, Trento, Centro Studi Erickson.

[67] Lazer, D.M.J., Baum, M.A., Benkler, Y., Berinsky, A.J., Greenhill, K.M., Menczer, F., Metzger, M.J., Nyhan, B., Pennycook, G., Rothschild, D., Schudson, M., Sloman, S.A., Sunstein, C.R., Thorson, E.A., Watts, D.J., and Zittrain, J.L. (2018). *The science of fake news*, in Science, 359, 6380, pp.1094-1096.

[68] Lesnevskaya, A. (2016). *The troll factory. Inside the offices of Dezinformatsija*,

in “FQ Millenium”, June 2, https://www.ilfattoquotidiano.it/2017/2011/2001/russiagate-la-fabbrica-deitroll-raccontata-da-chi-ci-ha-lavorato-linchiesta-di-fqmillennium/3947457/.

[69] Ludes, M.J. (2016). *The Russians read our cold war playbook*, in “War on the Rocks,” November 3, https://warontherocks. com/2016/2011/the-russians-read-our-cold-war-playbook/.

[70] Maggioni, M.A. (2017). *The sharing economy. Who gains and who loses*, Bologna, Il Mulino.

[71] Mancini, T. (2010). *Psychology of identity*, Bologna, Il Mulino.

[72] Mantovani, G. (ed.) (2003). *Manuale di psicologia sociale*, Florence, Giunti.

[73] Mardegan, P., Riva, G. and Scatena, S. (2016). *Digital advertising 3.0. The future of digital advertising*, Milan, Apogeo Education.

[74] Marro, E. (2018). *How Facebook's “repentant” managers attack the dependence on social. dence from social*, in “Il Sole 24 Ore”, January 11, http://www.ilsole24ore.com/art/tecnologie/2018-2001-2010/so-manager-pentitives-facebook-attack-social-dependence-social-191152.shtml.

[75] Masiero, G. (2017). *Photoshop, the before and after of celebrities*, in “Vanity Fair,” April 29, https://www.vanityfair.it/lifestyle/hi-tech/2017/2004/2029/photoshop-gli-incredibili-prima-e-afters-of-celebrities.

[76] Matz, S. C., Kosinski, M., Nave, G., and Stillwell, D. J. (2017). *Psychological targeting as an effective approach to digital mass persuasion*, in “Proceedings of the National Academy of Sciences,” 114, 48, pp. 12714-12719.

[77] Merriam-Webster (2017). *The Real Story of “Fake News”. The Term Seems to Have Emerged around the End of the 19th Century*, https://www.merriam-webster.com/words-at-play/the-real-story-of-fake news.

[78] Milton, J. (2002). *Aeropagitica* (1644), Milan, Bompiani.

[79] Morganti, F. and Riva, G. (2006). *Knowledge, communication and technology: cognitive aspects of virtual reality*, Milan, LED, http://www.ledonline.en/ledonline/morgantirivaconoscenza.html.

[80] Nardelli, A. and Silverman, C. (2017). *One of the biggest alternative media networks in Italy is spreading anti-immigrant news and misinformation on Facebook*, in "BuzzFeed," November 21, https://www. buzzfeed.com/albertonardelli/one-of-the-biggest-alternative-media-networks-in-italy-is.

[81] Newlands, M. (2017). *These 5 experts share their predictions for Chatbots in 2018*, in "Forbes," December 27, https://www.forbes. com/sites/mnewlands/2017/2012/2027/these-2015-experts-share-their-predictions-for-chatbots-in-2018/2027a2890f51530.

[82] Nunez, M. (2016). *Former Facebook workers: We routinely suppressed conservative news*, in "Gizmodo," May 9, https://gizmodo.com/former-facebook-workers-we-routinely-suppressed-conser-1775461006.

[83] Oremus, W. (2016). *Mark Zuckerberg says fake news on Facebook had "no impact" on the election*, in "Slate," November 10, http:// www.slate.com/blogs/future_tense/2016/2011/2010/mark_zuckerberg_says_fake_news_on_facebook_had_ no_impact_on_election.html.

[84] Pagliaro, P. (2017). *Point. Let's stop the decline of information*, Bologna, Il Mulino.

[85] Pariser, E. (2012). *The Filter: what the internet hides from us*, Milan, Il Saggiver.

[86] Parkin, S. (2018). *Has dopamine got us hooked on tech?*, in The Guardian," March 4, https://www.theguardian.com/technology/2018/mar/2004/has-dopamine-got-us-hooked-on-tech-facebook-apps-addiction.

[87] Paul, C. and Matthews, M. (2016). *The Russian "Firehose of Falsehood" Propaganda Model. Why It Might Work and Options to Counter It*, Santa Monica, CA, Rand Corporation.

[88] Pavone, G. (2010). *The crime of defamation by Internet*, in Treccani,11 November, http://www.treccani.it/magazine/diritto/Further reading/criminal_

law_and_criminal_procedure/1_Petty_defamation_internet.html.
[89] Perrucchietti, E. (2018). *Fake News Dalla manipolazione dell'opinione pubblica alla post-verità. Come il potere controlla i media e fabbrica l'informazione per ottenere consenso*, Bologna, Arianna
[90] Petty, R.E. and Cacioppo, J.T. (1986). *The elaboration likelihood model of persuasion*, in "Advances in Experimental Social Psychology", 19, pp. 123-205.
[91] Pinotti, A. (2017). *Digital competencies. Computer lab – Tasks of reality*, Bergamo, Atlas.
[92] Pitruzzella, G., Pollicino, O. and Quintarelli, S. (2017). *Words and power: freedom of expression, hate speech and fake news*, Milan, Egea.
[93] Pizzetti, F. (2018). *Government and fake news, Pizzetti: "No normative basis. tive, many dangers"*, in "Digital Agenda", 23 January, https://www.agendadigitale.eu/cultura-digitale/governo-against-fake-news-pizzetti-initiative-without-normative-base-many-dangers/.
[94] Pomerantsev, P. (2015). *Inside the Kremlin's hall of mirrors*, in The Guardian, April 9, https://www.theguardian.com/news/2015/apr/2009/kremlin-hall-of-mirrors-military-information-.psychology.
[95] Popper, K. (1967). *Science and Philosophy. Problems and purposes of science*, Turin, Einaudi.
[96] Przybylski, A.K., Murayama, K., DeHaan, C.R., and Gladwell, V. (2013). *Motivational, emotional, and behavioral correlates of fear of missing out*, in Computers in Human Behavior, 29, 4, pp. 1841-1848.

[97] Qiu, L. (2017). *Fingerprints of Russian disinformation: From AIDS to fake news*, in "New York Times," December 12, https:// www.nytimes.com/2017/2012/2012/us/politics/rus sian-disinformation-aids-fake-news.html.
[98] Qiu, X., Oliveira, D.F.M., Sahami Shirazi, A., Flammini, A., and Menczer, F. (2017). *Limited individual attention and online virality of low-quality information*, in "Nature Human Behaviour," 1, p. 132.

[99] Rheingold, H. (2003). *Smart mobs. Wireless technologies, the social revolution forthcoming*, Milan, Raffaello Cortina.

[100]Rijtano, R. (2017). *Fake news, the expert: here are the risks for those who publish and shares hoaxes*, in "la Repubblica", April 20, http://www.repubblica.it/tecnologia/2017/2004/2020/news/fake_news_what_risks_for_those_publishing_and_sharing_ hoaxes -.vide-163467152/.

[101]Riva, G. (2012). New media psychology. Action, presence, identity, and relationships in digital and social media, Bologna, Il Mulino.

[102]Riva, G. (2016a). *I social network*, Bologna, Il Mulino.

[103]Riva, G. (2016b). *Selfie. Narcissism and identity*, Bologna, Il Mulino.

[104]Riva, G. (2017). *Interreality: physical and digital networks and post-truth*, in "il Mulino", 2, pp. 210-217.

[105]Riva, G., Milani, L. and Gaggioli, A. (eds.) (2010). *Networked Flow: understanding and developing creativity*, Milan, LED, http://www.ledonline.it/ledonline/Networked-Flow-Riva.html.

[106]Romano, S. (2016). *Putin and the reconstruction of Greater Russia*, Milan, Longanesi.

[107]Rosenberg, K. P. and Feder, L. C. (2015). *Behavioral addictions: criteria, evidence, treatment. treatment*, Milan, Edra.

[108]Searle, J. (1996). *The construction of social reality*, Milan, Edizioni di Community.

[109]Searle, J. (2010). *Creating the social world. The structure of human civilization*, Milan, Cortina.

[110]Severgnini, C. (2018). *How much an influencer?*, in "Sette", 10, 8 March, pp. 16-19.

[111]Shane, S. (2017). *The fake Americans Russia created to influence the election*, in "The New York Times," September 7, https://.www.nytimes.com/2017/2009/2007/us/politics/rus both-facebook-twitter-election.html.

[112]String, P. (2017). *What is disintermediation*, Rome, Carocci. Subramanian, S.

[113]String, P. (2017). *Inside the Macedonian fake news complex*, in "Wired," 15 February, https://www.wired.com/2017/2002/veles-macedonia-fake news/.

[114]Sunstein, C.R. (2017). *#republic. Democracy in the age of social media*, Bologna, Il Mulino.

[115]Titcomb, J. and Oliphant, R. (2017). *Russian AI chatbot found supporting Stalin and violence two weeks after launch*, in "The Telegraph," October 25, http://www.telegraph.co.uk/technology/2017/2010/2025/ russian-ai-chatbot-found-supporting-stalin-violence-twoweeks/.

[116]Traynor, I. (2004). *US campaign behind the turmoil in Kiev*, in "The Guardian," November 26, http://www.guardian.co.uk/ world/2004/nov/2026/ukraine.usa/.

[117]Vieno, A. and Santinello, M. (2006). *The social capital according to a perspective of psychology of comunity*, in "Giornale italiano di psicologia", 3, pp. 481-500.

[118]Vosoughi, S., Roy, D. and Aral, S. (2018). *The spread of true and false news online*, in Science, 359, 6380, pp. 1146-1151.

[119]Weedon, J., Nuland, W. and Stamos, A. (2017). *Information Operations and Facebook*, Menlo Park, CA, Facebook.

[120]Wenger, E. (2006). *Communities of practice. Learning, meaning and identity*, Milan, Raffaello Cortina.

[121]Wenger, E., McDermott, R. and Snyder, W.M. (2007). *Cultivating communities of practice. Perspectives and experiences of Perspectives and experiences of knowledge management*, Milan, Guerini e Associati.

[122]Windrem, R. (2016). Timeline: *Ten years of Russian cyber attacks on other nations*, in "NBC News," December 18, https://www. nbcnews.com/storyline/hacking-in-america/timeline-tenyears-russian-cyber-attacks-other-nations-n697111.

[123]Wineburg, S., McGrew, S., Breakstone, J., and Ortega, T. (2016). *Evaluating Information: The Cornerstone of Civic Online Reasoning*, Palo Alto, CA, Stanford History Education Group.

[124]Wong, J.I., Gershgorn, D. and Murphy, M. (2016). *Facebook is trying to get rid of bias in trending news by getting rid of humans*, in "Quartz", August 26, https:// qz.com/768122/facebook-fires-human-editors-moves-toalgorithm-for-trending-topics/.

[125]Youyou, W., Kosinski, M., and Stillwell, D. (2015). *Computer-based personality judgments are more accurate than those made by humans*, in Proceedings of the National Academy of Sciences, 112, 4, pp. 1036-1040.

[126]Yurieff, K. (2017). *Facebook will show users what Russian propaganda they liked or followed*, in "CNN," November 22, http:// money.cnn.com/2017/2011/2022/technology/face-book-Russia-election-meddling/index.html.

[127]Zakharov, A. and Rusyayeva, P. (2017). *"Fabrika trolley" potratila na rabotu v SSHA okolo $2.3 mln*, in "RBC," October 17, https://www.rbc. ru/technology_and_media/17/10/2017/2059e2014e b2017a2019a79472577375776.

[128]Zappone, C. (2016). *Donald Trump-Vladimir Putin: Russia's information war meets the US election*, in "The Sydney Morning Herald," June 15, http://www.smh.com.au/world/us-election/ trumpputin-russias-information-war-meets-the-us-election-20160609-gpf20160604sm.html.

[129]Zimbardo, P.G. (2008). *L'effetto Lucifero: cattivi si diventa?*, Milan, Raffaello Cortina.

[130]Zucchermaglio, C. (2000). *Work groups. Technologies, social practices and negotiation.zione*, in G. Mantovani (ed.), Ergonomics: work, safety and new technologies, Bologna, Il Mulino.

[131]Zucchermaglio, C. and Alby, F. (2005). *Groups and technologies at work*, Rome-Bari, Laterza.

英汉术语对照表

Alice 爱丽丝（俄罗斯聊天机器人）

attention 注意力

divided attention 分散性注意力

selective attention 选择性注意力

sustained attention 持续注意力

being for 为他者而存在

BFQ-2（Big Five Questionnaire 2）基于大五理论的人格测验

blockchain 区块链

bot 机器人，网络机器人

chatbot 聊天机器人

cascade 瀑布

informational cascade 信息阶流

reputational cascade 声誉阶流

community 社群

communities of practice 实践性社群

digital communities of practice 数字实践性社群

cyber 赛博

cyberpsychology 赛博心理学

cyberthug 赛博恶棍

cyber troop/ cybertruppe 网军

cyber warfare 网络战

cryptocurrencies 加密货币

decentralization 去中心化，分散

dedicated figures 专用于核查的数字

decohesion 去凝聚力

deep state 深层国家，深层暗黑势力

deindividuation 去个体化

elective economic value 选择性经济价值

fact 事实
- institutional fact 制度性事实
- institutional social fact 制度性社会事实
- situated fact 情景化事实
- situated social facts 情景化社会事实
- social fact 社会事实

fact-checker 事实核查员
- International Fact-Checking Network 国际事实核查网

fake 虚假

fake news 假新闻
- modern fake news 现代假新闻
- deep fake 深假

Fear of Missing Out syndrome 害怕错过综合征

General Data Protection Regulation/GDPR《通用数据保护条例》(欧洲)

impression management 印象管理

individualistic humanism 个人主义的人文主义

influencer 有影响力的人士
- social influencer 网红

infodemic 信息流行病

Instagram 照片墙

Internet Research Agency 互联网研究公司（俄罗斯）

interreality 交互现实

liminality 阈限

logogram 语标文字

mediation 调解，中介
- human mediation 人的中介
- disintermediation 去中介化，非中介化，脱媒
- intermediate bodies 中介体
- mediating structures 中介结构

news verifier 新闻认证员

network
- social network 社会网络，社交网络

neuroimaging techniques 神经成像技术

NFT /Non Fungible Token 非同质化代币

positron emission tomography 正电子发射断层扫描

post-truth 后真相

profile 形象，用户资料，用户档案，社交形象
- fake social profiles 虚假用户资料

Reed’s law 里德定律

referent 所指事物

representation 表征

analogue representation 模拟式表征
digital representation 数字式表征

SCL /Strategic Communication Laboratories（英国）战略通信研究室
sharing economy 共享经济
Siri 苹果智能语音助手
smart mob 聪明的暴民
social capital 社会资本
social identity 社会身份，社交身份
social network 社交网络
social silos 社交筒仓
sponsored posts 付费评论，赞助帖子

subject 受试者（接受实验的人），主体（人）

truth 真相
alternative truth 另类真相
post truth 后真相

译后记

本译丛首席顾问德里克·德克霍夫教授自由穿梭于欧美学界，他独具慧眼，已经为我们物色了四位意大利学者的四本好书：保罗·贝南蒂的《伟大的发明：从洞穴壁画到人工智能时代的语言演化》，伊沃·夸蒂罗利的《被数字分裂的自我》、科西莫·亚卡托《数据时代》和朱塞佩·里瓦的《假新闻：活在后真相的世界里》。他还特意为这四本书撰写中译本序，为中国读者尽心尽力。

《假新闻：活在后真相的世界里》论证严密、例证丰富、疏密有致、亲近读者，可在一天之内卒读。然其前卫术语较多，却无索引；我们整理其要，双语对照，以助读者一臂之力。

作者里瓦教授和英译者德克霍夫教授的序文都深入浅出、引人入胜，容我代表读者对他们表示诚挚的感谢。

翻译这本书时，环境、心境双双宁静；心无旁骛，身无旁事；全力以赴，效率倍增。中译本刚好 30 天完成，效率前所未有，欣哉！幸哉！

何道宽

于深圳大学文化产业研究院

深圳大学传媒与文化发展研究中心

2022 年 3 月 27 日

译者介绍

何道宽，深圳大学英语及传播学教授授，荣获翻译文化终身成就奖（2023），深圳市政府津贴专家、资深翻译家、《中国新闻传播学年鉴》（2017）学术人物、《国际新闻界》“名家聚焦”人物、《中国新闻传播教育年鉴》（2021）“名师风采”人物。曾任中国跨文化交际学会副会长、广东省外国语学会副会长、中国传播学会副理事长，现任中国传播学会终身荣誉理事、深圳翻译协会高级顾问，从事英语语言文学、文化学、人类学、传播学研究40余年，率先引进跨文化传播（交际）学、麦克卢汉媒介理论和媒介环境学。著作和译作逾一百种，著译论文字逾2000万。

著作有《夙兴集》、《焚膏集》、《问麦集》、《融媒集》、《中华文明撷要》（汉英双语版）、《创意导游》（英文版）。电视教学片（及其纸媒版）有《实用英语语音》。

译作逾100种，要者有：《文化树：世界文化简史》《理解媒介》《技术垄断》《数字麦克卢汉》《游戏的人》《中世纪的秋天》《17世纪的荷兰文明》《裸猿》《麦克卢汉传：媒介及信使》《传播的偏向》《帝国与传播》《超越文化》《新新媒介》《媒介环境学》《模仿律》《麦克卢汉精粹》《思维的训练》《思想无羁：技术时代的认识论》《手机：挡不住的呼唤》《真实空间：飞天梦解析》《麦克卢汉书简》《传播与社会影响》《新政治文化》《莱文森精粹》《与社会学同游》《伊拉斯谟传》《口语文化与书面文化》《传播学批判研究：美国的传播、历史和理论》《重新思考文化政策》《交流的无奈：传播思想史》《作为变革动因的印刷机》《无声的语言》《传播学概论》《软利器》《迫害、灭绝与文学》《菊与刀》《理解新媒介：延伸麦克卢汉》《字母表效应》《变化中的时间观念》《文化对话：跨文化传播导论》《媒介、社会与世界：社会理论与数字媒介实践》《群众与暴民：从柏拉图到卡内蒂》《互联网的误读》《中国传奇：美国人眼里的中国》《初闯中国：美国人对华贸易、条约、鸦片和救赎的故事》《驱逐：被遗忘的美国排华战争》《乌合之众》《个性动力论》《媒介即是按摩：麦克卢汉媒介效应一览》《媒介与文明》《余韵无穷的麦克卢汉》《指向未来的麦克卢汉：媒介论集》《公共场所的行为：公共场所的行为：聚会的社会组织》《文化科学：故事、亚部落、知识与革新的自然历史》《创意生活》《公共文化、文化认同与文化政策》《被误读的麦克卢汉：如何矫正》《心灵的延伸：语言、心灵和文化的滥觞》《什么是信息：生物域、符号域、技术域和经济域里的组织繁衍》《震惊至死：重温尼尔·波斯曼笔下的美丽新世界》《文化的肌肤：半个世纪的技术变革和文化变迁》《数据时代》《被数字分裂的自我》《持续不懈的创新：艺术、文化与创意产业的发展》《个人数字孪生体：东西方人机融合的社会心理影响》《柏拉图导论》《伟大的发明：从洞穴壁画到人工智能时代的语言演化》《假新闻：活在后真相的世界里》《麦克卢汉如是说：理解我》等。

论文 50 余篇，要者有《介绍一门新兴学科——跨文化的交际》《比较文化之我见》《中国文化深层结构中崇“二”的心理定势》《论美国文化的显著特征》《和而不同息纷争》《多伦多传播学派的双星：伊尼斯与麦克卢汉》《异军突起的第三学派——媒介环境学评论之一》《游戏、文化和文化史：〈游戏的人〉给当代学者的启示》《破解史诗和口头传统之谜》《麦克卢汉：媒介理论的播种者和解放者》《莱文森：数字时代的麦克卢汉，立体型的多面手》《文化政策需要顶层设计》《媒介环境学：从边缘到殿堂》《冒险、冲撞、相识：美中关系史第一个一百年的故事》《泣血的历史：19 世纪美国排华史揭秘》《罗伯特 · 洛根：麦克卢汉思想圈子硕果仅存的跨学科奇人》《尼尔 · 波斯曼：媒介环境学派的一代宗师和精神领袖》等。

“媒介环境学译丛”书目

1.《媒介环境学：思想沿革与多维视野》（第二版）［美国］林文刚 编 / 何道宽 译　118.00 元

2.《什么是信息：生物域、符号域、技术域和经济域里的组织繁衍》［加拿大］罗伯特·K. 洛根 著 / 何道宽 译　59.00 元

3.《心灵的延伸：语言、心灵和文化的滥觞》［加拿大］罗伯特·K. 洛根 著 / 何道宽 译　79.00 元

4.《震惊至死：重温尼尔·波斯曼笔下的美丽新世界》［美国］兰斯·斯特拉特 著 / 何道宽 译　55.00 元

5.《文化的肌肤：半个世纪的技术变革和文化变迁》（第二版）［加拿大］德里克·德克霍夫 著 / 何道宽 译　98.00 元

6.《被数字分裂的自我》［意大利］伊沃·夸蒂罗利 著 / 何道宽 译　69.00 元

7.《数据时代》［意大利］科西莫·亚卡托 著 / 何道宽 译　55.00 元

8.《帝国与传播》（第三版）［加拿大］哈罗德·伊尼斯 著 / 何道宽 译　59.00 元

9.《传播的偏向》（第三版）［加拿大］哈罗德·伊尼斯 著 / 何道宽 译　59.00 元

10.《麦克卢汉精粹》（第二版）［加拿大］埃里克·麦克卢汉、［加拿大］弗兰克·秦格龙 编 / 何道宽 译　108.00 元

11.《个人数字孪生体：东西方人机融合的社会心理影响》［意大利］罗伯托·萨拉科、［加拿大］德里克·德克霍夫 著/何道宽 译　79.00 元

12.《伟大的发明：从洞穴壁画到人工智能时代的语言演化》［意大利］保罗·贝南蒂 著/何道宽 译　59.00 元

13.《假新闻：活在后真相的世界里》［意大利］朱塞佩·里瓦 著/何道宽 译　59.00 元

14.《麦克卢汉如是说：理解我》（第二版）［加拿大］马歇尔·麦克卢汉 著，［加拿大］斯蒂芬妮·麦克卢汉、［加拿大］戴维·斯坦斯编/何道宽 译　79.00 元

15.《柏拉图导论》［英］埃里克·哈弗洛克 著/何道宽 译　69.00 元